AF493008

El Universo improbable o el Dios probable

Eduardo Vila Echagüe

EDIQUID

Editado por: Corporación Ígneo, S.A.C.
para su sello editorial Ediquid
José Olaya 169, Ofic. 504, Miraflores. Lima, Perú
Primera edición, marzo, 2025

ISBN: 978-956-6404-11-8

www.grupoigneo.com
Correo electrónico: contacto@grupoigneo.com | Teléfono: +51 955 071 270
Facebook: Grupo Ígneo | X: @editorialigneo | Instagram: @grupoigneo

Colección: Pensamiento

Contenido

Sección I

El misterio del ser

Encuentro en Buenos Aires

Estamos en un pequeño restaurante de Buenos Aires, a mediados de la década de 1930. En una mesa retirada conversan animadamente una dama y un caballero. Ninguno pasa de los treinta años. Ella no es particularmente agraciada; él, calvo y con lentes, tampoco es un prototipo de Adonis, aunque de su figura irradia una cierta dignidad.

En eso se abre la puerta y entra un grupo de varias personas. Entre ellas se destaca, por su belleza, una elegante joven cuyo rostro recuerda las obras maestras de la escultura clásica. Se dirigen todos hacia una mesa cuando, de pronto, ella repara en las dos figuras del fondo. Sin pronunciar palabra se dirige indignada hacia ellos y la emprende a carterazos contra el digno caballero. Luego vuelve con su grupo, les dice algunas palabras y todos se retiran con rapidez del lugar.

¿Qué había ocurrido para provocar de esa manera a la bella joven? Resulta que el caballero de lentes era, desde hacía algunas semanas, su *festejante*, curioso término que se usaba en la Argentina de entonces para aquel que cortejaba a una muchacha. Ese día él le había contado que en la noche no podría verla, porque debía visitar a un amigo enfermo. Seguramente la joven quedó enternecida al saber que su pretendiente era un alma tan caritativa. Podemos imaginar su furia cuando descubrió que en vez de caritativo era infiel y mentiroso, lo que combinado con el fuerte carácter de ella produjo las consecuencias que acabamos de describir.

Tal vez el caballero tenía una relación anterior con la señorita del comienzo, hermana de su amigo presuntamente enfermo. La invitación tenía como objeto dar término a esa relación en la forma más correcta, de manera personal y en un ambiente íntimo. Lo más seguro es que inventó un pretexto para que la joven elegante no se enterara de esta cita, considerando, en particular, su fuerte temperamento. Pero, como dice el refrán, el hombre propone y Dios dispone.

¿Qué sucedió después? ¿Habrá perdonado la iracunda joven al fino caballero? Parecería que la respuesta no es en realidad importante, pero sí lo es, tanto para usted, lector, como para mí. Si la respuesta hubiera sido negativa usted no estaría leyendo este libro y yo no habría venido a este mundo. La razón es muy sencilla: la joven y el caballero eran mis padres y la pequeña historia que les conté es una de las tantas tradiciones que se conservan en todas las familias.

Me preocupa el hecho de que mi existencia se haya visto amenazada por la improbable circunstancia de que el grupo que acompañaba a mi potencial madre eligiera el restaurante en donde se ocultaba mi padre potencial. Por suerte jugó en mi favor el que mi madre, pese a su fuerte carácter, finalmente lo perdonara. Pero sumando y restando, llego a la conclusión de que mi arribo a este planeta se debió a la combinación de una serie de situaciones poco probables, situaciones que, pese a ello, necesariamente tienen que haber ocurrido para que usted, lector, tenga este libro en sus manos.

En mi caso particular, para que mis padres pudieran protagonizar aquel episodio fue necesario que primero se conocieran. Algo no tan probable, si se considera que mi madre nació en Tucumán, en el noroeste de Argentina, en tanto que mi padre lo hizo en Rosario, ciudad ubicada en la ribera del río Paraná.

En ambos casos provenían de familias afincadas en la provincia, que solo por razones excepcionales se mudaron a Buenos Aires.

Las respectivas historias que contaré a continuación tienen por única finalidad ayudar al lector a que reconozca en su propia familia las circunstancias improbables que posibilitaron su nacimiento. En resumen, tenemos aquí un libro de autor improbable y con lectores igualmente improbables, el cual, sin embargo, es tan real como que usted está leyéndolo.

Mi abuelo paterno era un progresista hombre de negocios de la ciudad de Rosario. Sin ninguna vocación por la política, terminó siendo intendente de esa ciudad, habiendo sido nombrado en ese cargo por su cuñado, gobernador de la provincia de Santa Fe, quien tampoco era político. Este último era un juez de profesión que había llegado a la gobernación como candidato de compromiso, porque ninguno de los partidos contaba con mayoría propia en el colegio electoral.

El ejercicio de la intendencia fue muy complicado por el tradicional rechazo de los rosarinos al gobierno provincial. Cuando algunos años más tarde abandonó la intendencia, hastiado de la política, prefirió no seguir viviendo en medio de sus ingratos conciudadanos y se mudó a Buenos Aires con su familia.

El caso de mi abuelo materno es algo diferente. Pertenecía a una familia de Tucumán con activa participación en la política provincial. Tuvo muchos hijos, entre los cuales tres fueron mujeres conocidas por su belleza, inteligencia y fuerte carácter, las cuales seguían solteras pasados los veinticinco años de edad, algo bastante insólito en una provincia argentina de la primera mitad del siglo XX. Como una de ellas era mi madre potencial, ya era hora de que mi yo en potencia también empezara a preocuparse.

Mi salvación llegó mediante un acto de traición. Mi abuelo había militado siempre en el Partido Conservador, pero los tiempos en la Argentina habían cambiado y ahora los radicales tenían el control del gobierno nacional. El primo Fulanito, un verdadero Satanás, según mi madre, convenció a mi abuelo de cambiarse de bando y postular como diputado nacional del Partido Radical, con lo que toda la familia se ganó un montón de enemigos en Tucumán. Por suerte mi abuelo ganó la banca y partió a instalarse en Buenos Aires con sus hijas aún solteras. Una de ellas era mi enérgica madre.

Espero no haberlos aburrido con mis historias familiares. Mientras la contaba me iba llenando de angustia por todo lo que tuvo que suceder para que finalmente yo fuera yo. ¡Incluso tuvo que intervenir Satanás! Pero entre angustias y angustias se me fueron apareciendo otras posibilidades aún más espantosas. ¿Qué hubiera pasado si ese antipático espermatozoide que corría a mi lado en aquella memorable noche de marzo del 43 hubiera llegado antes? ¿También el que naciera hubiera sido yo o tan solo un nuevo hermano de mis hermanos, que tampoco hubieran sido ya mis hermanos, porque entonces yo ya no sería yo?

¿Y entonces qué? ¿Hubiera tenido una segunda oportunidad? Y si no, ¿para qué sirve un mundo, un universo entero, si no estoy yo? Tal vez usted, lector, se ría de mis angustias en este momento, pero piénselo un poco y verá que está en las mismas. Tal vez sus padres se conocieron porque vivían en casas vecinas, pero recuerde que en su caso también hubo una loca carrera antes de su fecundación, con miles y miles de competidores. ¿Cuántas veces se ha sacado el premio mayor jugando a la lotería? Aunque no lo haya sacado nunca, tenga presente que para llegar aquí se sacó un premio en el que sus posibilidades eran infinitamente menores. ¿Será solo cuestión de suerte? No se me ocurre otra respuesta en este momento. Tal vez la encontremos más adelante.

El título de este libro es *El Universo improbable o el Dios probable*. Ahora me doy cuenta de que además tiene un autor y unos lectores bastante improbables. ¡Ojalá que en el desarrollo del libro podamos llegar pronto a algo más probable! Les confieso que el propósito del libro no es angustiarlos ni angustiarme, así que mejor veamos si el próximo capítulo nos trae algo más esperanzador.

La suma teológica

En la casa de mi padre había muchos libros. La mayoría eran de política o de economía, poco interesantes para el niño que era yo. En la biblioteca de la salita, lugar habitual de nuestros juegos, había uno en especial que despertaba mi imaginación. Estaba formado por diez o doce volúmenes de tamaño regular, los cuales casi ocupaban un estante por completo. Era un libro bilingüe, en castellano y en latín.

Estaba escrito de una manera singular. Cada artículo empezaba con una serie de convincentes argumentos a favor de una idea, que a continuación eran demolidos de forma minuciosa, apelando a la autoridad de las Escrituras o tan simplemente a la del Filósofo, sin más aclaración. Parecía ser que, para el autor, fuera de Aristóteles todos los demás eran filósofos con minúsculas. El libro, claro está, era la famosa *Suma Teológica* de Santo Tomás de Aquino.

Pero lo que más me llamaba la atención era el texto en latín, con la traducción castellana en una columna paralela. Este idioma no estaba tan muerto entonces como ahora, donde la mayoría de la gente solo ha oído en esa lengua el *habemus papam* que pronunció el cardenal chileno Jorge Medina cuando la elección del Papa Benedicto XVI. A lo más, se oyen algunos latinajos de vez en cuando, sin que la mayoría sepa con exactitud qué es lo que significan.

Supongo que la magia del latín se debía a la solemnidad que le daba su uso en la misa, donde lo único que se decía en castellano era la prédica. Todo lo demás, desde el *introibo ad altare dei* inicial hasta el *ite missa est* final iba en latín. Nosotros teníamos un misal bilingüe para seguir la misa, pero no sé cómo se las arreglarían los que no podían comprarlo o no sabían leer. Por extraño que parezca, todo esto se veía de lo más natural.

Aclarada mi temprana fascinación con este libro, retomemos nuestro asunto. Iniciada la lectura, rápidamente se llegaba a la segunda cuestión, titulada *De la existencia de Dios*. La cuestión se desarrollaba en tres artículos sucesivos. En el primero se preguntaba si la existencia de Dios era algo evidente por sí misma. Como la respuesta de Santo Tomás era negativa, se pasaba al segundo artículo, donde la pregunta era si la existencia de Dios podía ser demostrada. Aquí la respuesta era afirmativa, llegándose de esta manera al tercer artículo: ¿existe Dios? La respuesta incluía cinco pruebas de la existencia de Dios.

Estas pruebas suenan bastante extrañas a los oídos modernos. La primera se refiere a los objetos en movimiento. Todo lo que se mueve es movido por otro o, mejor dicho, necesita ser movido por otro. El otro a su vez deber ser movido por un tercero, etcétera. Siguiendo la cadena tendremos que llegar alguna vez a algo que no requiera de otro para que lo mueva. Este sería el primer motor, es decir, Dios.

Este concepto fue usado por todos los astrónomos anteriores a Copérnico, quienes concebían el universo como un mecanismo de relojería, con la Tierra inmóvil en el centro y la esfera estrellada en la periferia, dando una vuelta completa cada veinticuatro horas. El movimiento del cielo se transmitía hacia abajo a través de las sucesivas esferas de Saturno, Júpiter, Marte, el Sol, Venus, Mercurio y, por último, la Luna. La esfera estrellada era movida directamente por este primer motor al que nadie mueve, que se identificaba con Dios, como dijimos antes.

No recuerdo con exactitud qué edad tenía yo cuando leí por primera vez este artículo, pero seguramente ya para entonces sabía que los planetas se movían alrededor del Sol sin que nadie tuviera que estar empujándolos, tan solo por inercia, y que la tal esfera estrellada no solo no giraba, sino que tampoco existía, ya que las estrellas estaban distribuidas en el espacio a diferentes distancias de nosotros. En resumen, la primera prueba de la existencia de Dios, de tipo mecánico, no me resultó convincente.

Las demás pruebas tampoco me impresionaron, a excepción de la tercera. Cito textualmente:

> Encontramos que las cosas pueden existir o no existir, pues pueden ser producidas o destruidas, y, consecuentemente, es posible que existan o que no existan. Es imposible que las cosas sometidas a tal posibilidad existan siempre, pues lo que lleva en sí mismo la posibilidad de no existir, en un tiempo no existió. Si, pues, todas las cosas llevan en sí mismas la posibilidad de no existir, hubo un tiempo en que nada existió. Pero si esto es verdad, tampoco ahora existiría nada, puesto que lo que no existe no empieza a existir más que por algo que ya existe. Si, pues, nada existía, es imposible que algo empezara a existir; en consecuencia, nada existiría, y esto es absolutamente falso. Luego, no todos los seres son solo posibilidad, sino que es preciso algún ser necesario. A este todos le dicen Dios.

Este argumento me llevó de manera directa del problema de la existencia de Dios al problema de la existencia del mundo. ¿Por qué existe algo pudiendo no existir? ¿Tienen la filosofía o la ciencia una respuesta a este interrogante? ¿Puede alguien demostrar que el mundo es necesario? Necesario, sí, para que nosotros existamos, al igual que fue necesario el encuentro de nuestros padres para nuestro propio nacimiento. ¿Pero somos nosotros mismos necesarios, en el sentido que le da Santo Tomás? Ya vimos que ni somos necesarios, ni tampoco muy probables que digamos.

Olvidémonos de nosotros por un momento y enfoquémonos en el mundo. ¿Acaso si este hubiera existido desde siempre dejaría de aplicar el razonamiento de Santo Tomás? ¿Basta que algo sea eterno para ser necesario? No lo pensaba así Santo Tomás, para quien desde el punto de vista filosófico era admisible que el universo fuera eterno. Mal que mal, esa había sido la opinión de su querido Filósofo. Pero desde el punto de vista religioso, Tomás acataba el relato del *Génesis*.

Aunque no sea importante para el argumento de Santo Tomás, el tema de si el mundo existió desde siempre o ha tenido un comienzo es apasionante y merece nuestra atención. En realidad, es uno de los puntos en donde la religión y la ciencia han tenido visiones contrapuestas y en donde, a diferencia del caso de Galileo con la Inquisición, sería la ciencia la que ha tenido que mudar su parecer.

Prólogo tardío

Lo normal es que el prólogo vaya al comienzo del libro y no como tercer capítulo. El problema de los prólogos es que muchas veces sirven para que el lector se desanime y no lea el resto del libro. Peor aún, hay casos en que después de leer el libro completo descubrimos que lo mejor era el prólogo. Por eso encontré preferible insertar primero un par de capítulos en los que a partir de algunas experiencias autobiográficas se plantearan los principales temas a tratar en el resto del libro.

Así como en el primer capítulo mostramos que nuestra propia existencia era fruto de una serie de casualidades absolutamente improbables, en la segunda sección de este libro, *El Universo improbable*, veremos que eso mismo aplica en grado extremo a la totalidad del universo en que vivimos.

Recuerdo un *best seller* de mi juventud, *El día del Chacal*, en el que un asesino con ese apodo intentaba matar al general De

Gaulle, entonces presidente de Francia. Se supone que el Chacal era muy profesional, pero pienso que para hacer más interesante el libro cometía todo tipo de errores, salvándose siempre a último momento por alguna circunstancia imprevista. No me acuerdo cómo terminaba el libro, pero es obvio que De Gaulle no moría en el intento.

Aunque todos alababan el libro y la consiguiente película, a mí me dejó una mala impresión, quizás porque para mi mente racionalista todo eso era bastante inverosímil. Es la misma sensación que me deja la historia del universo que les intentaré contar, aunque en este caso debo reconocer que, por increíble que parezca, ustedes y yo sí nacimos en el intento.

El tema del universo improbable debería de ser uno de los grandes temas de la ciencia del siglo XXI. Sin embargo, se mantiene en un perfil bastante bajo debido a cierto tufillo metafísico que molesta a la mayoría de los científicos. En mi libro verán algunas de las soluciones bastante extrañas que se han propuesto para intentar hacer que lo extremadamente improbable parezca probable, pero a mi entender ninguna ha ido al fondo del asunto: el problema de la existencia.

La pregunta crucial es esta: ¿este universo u otros semejantes son el único tipo de realidad que existe o es posible que existan otros tipos de realidades del todo diferentes? Es lo que plantea Santo Tomás, para quien debe haber algo cuya existencia sea necesaria, que, claro está, no sería similar al universo que conocemos. Creo que nadie negará *a priori* la existencia de esas otras realidades, mas, como es natural, pedirá razones que las justifiquen. ¿Pero cómo podríamos comprobar dicha existencia si solo tenemos acceso a nuestro propio universo?

Eso es lo que trataremos de hacer en la tercera sección de este libro, *El Dios probable*. El vínculo entre este universo y esas otras realidades sería el hombre, incluyéndonos a usted y a mí también. Indagaremos si el hombre tiene características que van más allá de lo que se puede esperar de un universo que tan solo es material. Analizaremos si a lo largo de la historia de la humanidad se han presentado situaciones que no puedan explicarse únicamente por las leyes físicas de nuestro universo.

Aunque la certeza absoluta no siempre se pueda lograr en los temas históricos, la acumulación de pruebas circunstanciales permitirá al lector hacerse su propio juicio sobre la posible existencia de esas otras realidades, o al menos advertir que esas creencias, que quizás él considere que son producto del oscurantismo y la superstición, también pueden tener sólidas bases racionales. Negar de plano la posible existencia de esas otras realidades es tan poco razonable como creer a la primera las historias de fantasmas, milagros o visitantes extraterrestres.

Debo advertirles que mi análisis se circunscribe al ámbito de la cultura occidental. Si hay situaciones similares en otras culturas, tanto del Viejo como del Nuevo Mundo, estaré feliz si algún especialista en ellas las selecciona, analiza y argumenta de manera racional. Dada la enorme cantidad de mitos, leyendas y supersticiones presentes en todas las culturas, el problema principal aquí es poder separar el escaso trigo de la abundante paja.

Por último, entiendo que muchos capítulos de la sección *El Universo improbable* puedan resultar demasiado técnicos para algunos de mis lectores. Si los encuentran muy pesados, les sugiero que vayan directamente al capítulo *El principio antrópico* y continúen la lectura desde ese lugar.

Sección II

El Universo improbable

El origen del mundo en la antigüedad

Desde que el hombre desarrolló su capacidad para el pensamiento abstracto se le tiene que haber planteado la cuestión del origen del mundo. No de otra manera se explica que en una gran cantidad de culturas existan mitos referidos a este tema, los que se remontan a períodos prehistóricos, previos al conocimiento de la escritura.

Para los sumerios el mundo se había originado a partir del mar primordial, personificado por la diosa Nammu. Ella creó el cielo y la tierra, de la unión de los cuales surgió el dios Enlil, quien creó el mundo que ellos conocían, incluyendo el sol, la luna, las estrellas, las plantas, los animales y, por último, el hombre.

Las civilizaciones que siguieron a los sumerios heredaron sus mitos con algunas variantes. Esta influencia se transmitió a través de Asia Menor hasta la Grecia primitiva. Más de 2000 años más tarde, el poeta Hesíodo recogió y amplió esas tradiciones en su *Teogonía*, donde se narra el nacimiento de los dioses y del mundo que conocemos: «antes de todo existió el Caos, después fue Gea [la Tierra], la de amplio pecho, y por último Eros [el amor], el más hermoso de los dioses inmortales». Las tres palabras aún forman parte de nuestro lenguaje y ya vimos cómo el caos, en particular, pudo tener un importante papel en nuestro propio nacimiento.

Hay mitos similares en muchas otras civilizaciones que no están influenciadas de manera directa por los sumerios. Para los egipcios el mundo se había originado a partir del caos original, llamado Nun en su idioma. Historias parecidas se encuentran entre los aztecas, los mayas e incluso entre nuestros propios araucanos.

En estos mitos el mundo se formaba a partir de algo preexistente. El pueblo hebreo fue más allá al postular que el mundo había sido creado de la nada o, como hubiera preferido decirlo Santo Tomás, *ex nihilo*. Cito este latinajo no solo por pedantería, sino porque es bastante usado en los ambientes filosóficos y científicos que tratan de estos temas.

Volviendo a los hebreos, no se sabe con exactitud quién escribió el *Génesis*, pero entre los estudiosos hay un consenso según el cual lo más probable es que la redacción final se hizo durante el destierro de los judíos en Babilonia, cinco siglos antes de Cristo. Es claro que quien lo hizo conocía los mitos babilonios, herederos directos de los mitos sumerios que ya mencionamos. La historia del diluvio universal y del arca de Noé es prácticamente la misma que encontramos en el *Libro de Gilgamesh*, escrito dos milenios antes.

Lo que es de verdad original del *Génesis* es la historia de la creación, aquella que se desarrolla a lo largo de seis días, de los cuales en el último es creado el hombre. El texto es de una concisión extraordinaria. Incluso llamó la atención del más grande crítico literario de la antigüedad, Longino, quien vivió en el siglo III de nuestra era. Fue autor de una famosa obra, *De lo sublime*, donde se analizan méritos y debilidades de los más grandes autores del mundo clásico. Longino, después de citar varios pasajes de Homero como ejemplos de elevación de ánimo, nos sorprende con el siguiente texto:

Igualmente el legislador de los judíos, hombre fuera de lo común, habiendo concebido una idea justa del poder de la divinidad, la ha expresado de esta manera al comienzo de su ley: y Dios dijo ¿qué? Hágase la luz, y la luz fue. Hágase la tierra, y la tierra fue.

¿Por qué nos sorprende este texto? Porque, al menos que yo sepa, es la única vez que un autor pagano cita a la Biblia de manera positiva y fuera de un contexto de polémica religiosa.

En realidad, el texto bíblico es algo más complejo ya que después de la creación por Dios del cielo y la tierra, se indica que antes de la aparición de la luz la tierra era caos, confusión y oscuridad, y que el espíritu de Dios volaba por sobre las aguas. Son los mismos elementos que ya hemos visto en las cosmologías egipcia y sumeria.

En la misma época en la que se daban los toques finales a la Biblia hebrea aparecen en Jonia los primeros filósofos de la naturaleza, los que podríamos considerar como remotos antecesores de nuestros actuales científicos. Jonia era una comarca del Asia Menor colonizada por los griegos y era un verdadero puente entre las antiguas culturas mesopotámicas y la nueva civilización helénica. Estos filósofos son los primeros que intentaron prescindir de los mitos para buscar una explicación racional de la naturaleza.

Sin embargo, las primeras teorías que esbozaron no parecen tan diferentes. Tales, el autor del famoso teorema que lleva su nombre, pensaba que el mundo se había originado a partir del agua. Anaximandro, discípulo de aquel, opinaba que la sustancia básica era lo indefinido, un concepto no muy claro para nosotros pero que seguramente no era muy distinto del caos bíblico. El fuego y el aire tuvieron ese mismo papel para algunos de sus sucesores, culminando en la teoría de los cuatro elementos de Empédocles: el fuego, el aire, el agua y la tierra. Con la poca información que nos ha llegado de ellos, no queda claro si pensaban en un origen temporal del mundo o tan solo en un origen causal.

A continuación de estos filósofos se destaca la figura de Sócrates, el cual, sin embargo, no se interesó por las cuestiones físicas, sino por los temas éticos. Fue su discípulo Platón quien retomó la cuestión del origen del mundo, legándonos un precioso mito sobre la creación en su famoso diálogo *Timeo*.

En esta narración hay un personaje de categoría divina, sin nombre, por encima de todos los dioses tradicionales, quien oficia de creador del mundo a partir de los cuatro elementos de Empédocles. Como se trata de un mito didáctico, no es fácil saber qué es lo que de verdad creía Platón, quien en todo caso pensaba que existía un mundo de las ideas, del cual el nuestro es solo un reflejo, en el que la idea del universo estaba presente desde toda la eternidad.

El discípulo de Platón, Aristóteles, no compartía el idealismo de su maestro, por lo que optó por construir un modelo del mundo basado tan solo en consideraciones racionales. Este modelo es el mismo que ya describimos cuando comentamos la *Suma Teológica*. En lo que aquí nos interesa, es suficiente decir que, si bien era finito en su dimensión espacial, era eterno en el tiempo. Aristóteles no tenía simpatía por los dioses de los griegos y sus mitos sobre la creación. Su universo es un gran mecanismo de relojería que, impulsado por el primer motor, funciona desde siempre y no se detendrá jamás.

Con posterioridad a Aristóteles aparecieron en el mundo griego dos escuelas filosóficas que, se puede decir, iban más allá de ese término, ya que en realidad lo que proponían era una forma de vida. Para el hombre moderno, esto se podría considerar más como una religión, pero es oportuno recordar que la religiosidad en Grecia y Roma tenía poco que ver con la moral, sino más bien con una negociación con los poderes superiores para que favorecieran nuestros deseos, algo no muy distinto a ciertas formas de religiosidad presentes hoy en todas nuestras clases sociales.

Estas dos escuelas se llamaron epicúreos y estoicos. Aunque el foco de ambas estaba en el comportamiento de sus adherentes, también desarrollaron teorías físicas sobre el mundo, algunas de las cuales volvieron a cobrar vigencia en años recientes, después de muchos siglos de ser relegadas al olvido.

Los epicúreos, así llamados por su fundador Epicuro, adoptaron la teoría atómica de los filósofos Leucipo y Demócrito, según la cual el mundo está formado por átomos y vacío. Los átomos son indestructibles y eternos, y se combinan de distintas maneras, dando como resultado las diferentes formas de materia que conocemos. Los átomos se mueven en el espacio al azar y, en consecuencia, dan origen a la formación de los mundos y también a su destrucción. El espacio es infinito y en él pueden coexistir mundos separados por grandes distancias, por lo que el nuestro no sería el único.

La cosmovisión de los estoicos es más difícil de explicar. Ellos también tuvieron una visión materialista del universo, aunque veían a este como un ser inteligente. La combinación de la sustancia primordial, o *pneuma*, con esa inteligencia daba origen a la creación y posterior destrucción de mundos como el nuestro, en un ciclo sin fin. Para ellos tampoco existía algo exterior al universo que pudiera haberlo creado de la nada.

Con la caída del Imperio romano y el triunfo del cristianismo, la cuestión de si el mundo era eterno o había tenido un comienzo dejó de plantearse, ya que la interpretación literal del texto bíblico no dejaba lugar a dudas. La creación había ocurrido unos cuantos miles de años antes de Cristo y lo único que se discutía era cómo sumar los años de vida de los patriarcas antes y después del diluvio, el tiempo de la permanencia del pueblo de Israel en Egipto, el Éxodo, los períodos de los jueces y de los reyes, el destierro en Babilonia, para enganchar, por fin, con la cronología del mundo griego que era relativamente exacta solo a partir del retorno de los judíos a Jerusalén. Hasta el día de hoy el calendario hebreo tiene su comienzo en el supuesto día de la creación, 3760 años antes de Cristo.

La primera expansión del universo

En la época en que las carabelas de Colón partían a descubrir un Nuevo Mundo, los medios intelectuales del Viejo Mundo seguían creyendo en el universo finito de Aristóteles, pero no eterno sino creado hacía unos pocos miles de años. Incluso había estimaciones de su tamaño que venían desde la antigüedad. Arquímedes, un par de siglos antes de Cristo, calculó que la esfera de las estrellas estaba algo más lejos que la distancia del planeta Saturno que hoy conocemos. Cuatro siglos más tarde, Ptolomeo, el que dio su nombre al sistema geocéntrico, estimó un universo mucho más chico, incluso menor que la actual distancia de la Tierra al Sol.

El tamaño de la Tierra, en cambio, ya había sido calculado por los geógrafos antiguos con bastante precisión. Los viajes de Vasco de Gama, Colón, Magallanes y los demás descubridores lo que ampliaron fue la mentalidad de los europeos, expandiendo su mundo conocido en varios órdenes de magnitud. Esto fue preparando el camino para el terremoto que pronto conmovería y derrumbaría el modelo de universo que había estado vigente durante casi veinte siglos.

La primera sacudida provino de Nicolás Copérnico, quien sacó la Tierra del centro del mundo para colocar en su lugar al Sol. También, y quizás más importante para nuestro tema, reemplazó el movimiento giratorio de la esfera de las estrellas fijas por un movimiento similar en sentido contrario de nuestra propia Tierra.

La primera acción implicaba que las estrellas fijas debían estar mucho más lejos de lo que se pensaba, porque de lo contrario se desplazarían de manera perceptible por el movimiento de la Tierra. Pero la segunda tuvo implicancias aún mayores, porque la existencia de una esfera de las estrellas fijas se justificaba solo por aquel movimiento giratorio. Aunque Copérnico no lo dijo, su eliminación hacía posible que las estrellas estuvieran a distintas distancias de nosotros.

Quién sí comprendió las implicancias fue Giordano Bruno. Copernicano ferviente pero también conocedor de las teorías atomistas de los griegos, postuló que el universo era infinito, estando poblado por innumerables soles como el nuestro, con tierras girando a su alrededor como los planetas de nuestro sistema. El Sol se ve diferente a las estrellas solo porque está vecino a nosotros. A la inversa, no vemos los planetas de las otras estrellas por su distancia y pequeñez.

No he encontrado en los libros de Bruno sus ideas sobre el origen del mundo, pero es impensable que no las haya tenido. Un universo infinito con solo unos pocos milenios de años de existencia no hace mucho sentido. Lo más probable es que no se atrevió a manifestarlas por su abierta contradicción con las Escrituras. Esto no le evitó ser finalmente condenado a morir en la hoguera, más por sus tendencias religiosas panteístas que por sus ideas filosóficas.

Pocos años más tarde, Galileo dirigió por primera vez su telescopio al cielo. Entre sus muchos descubrimientos observó miríadas de estrellas que no eran visibles a simple vista. La misma Vía Láctea está formada por ellas. La esfera de las estrellas fijas se continuó desintegrando y las hipótesis de Bruno cobraron fuerza en la mente de los científicos de la época.

Pasará más de un siglo antes de que llegue la primera confirmación. Edmund Halley, el mismo que descubrió la periodicidad del cometa que lleva su nombre, observó que algunas de las estrellas principales se habían desplazado un poco de las posiciones del catálogo de Ptolomeo quince siglos antes. No solo la esfera de las estrellas fijas ya no existía, sino que tampoco eran tan fijas que digamos.

Tuvieron que pasar más de dos siglos desde Galileo para que se lograra medir la distancia de algunas estrellas cercanas. ¿Para qué decirles la distancia en kilómetros? No somos capaces de concebir lo que significan números tan grandes. Esto se ilustra mejor si sabemos que la luz demora un poco más de un segundo en llegar a la Luna. Por eso las conversaciones con los astronautas tenían como un efecto retardado, más de dos segundos entre pregunta y respuesta. La luz del Sol nos llega en ocho minutos. La de Júpiter en cuarenta, la de Neptuno en unas cuatro horas. Pues bien, la de la estrella más cercana demora más de cuatro años.

Lo pongo de una manera más clara: ¿usted demora en llegar a su oficina cuarenta minutos? Imagínese que, en vez de llegar a ella, llegara en ese tiempo hasta Júpiter. Aún le faltarían cuatro años para llegar a Alfa Centauri, nuestro vecino más próximo. Y supongo que tiene claro que la NASA no llega a Júpiter en cuarenta minutos, sino en unos cuantos años.

Pero volvamos a lo nuestro. No es el tamaño del universo sino su eventual origen lo que nos interesa. Aquí entra en juego Newton, cuyos descubrimientos en la mecánica permitieron explicar sobre bases absolutamente científicas el funcionamiento del sistema solar. A partir de él los movimientos de los planetas e incluso de las estrellas dejaron de ser un misterio, y una vez más surgió la tentación de ver el universo como una enorme maquinaria, como un reloj gigantesco.

Es cierto que Newton pensaba que de tanto en tanto el Creador debería de hacerle ajustes para mantener el correcto funcionamiento del mecanismo. ¡El primer motor se había convertido en el gran relojero! Pero esta idea no se mantuvo entre los que le siguieron y poco a poco Dios fue dejando de tener un papel activo en el funcionamiento del mundo.

Sin embargo, las primeras estimaciones científicas de la antigüedad de la Tierra no provinieron de la astronomía ni de la física, sino de las ciencias naturales. Los años requeridos para que se desarrollaran los procesos geológicos que formaron nuestra corteza terrestre excedían en mucho los cinco mil bíblicos. En 1778 el gran naturalista Buffon publicó una cifra de setenta y cinco mil años, basada en la velocidad de enfriamiento del planeta, aunque por otros motivos él, en lo personal, creía que la cifra no bajaba de dos millones de años.

Hacia la misma época, el químico Lavoisier publicó su ley de conservación de la masa, según la cual en una reacción química la masa final es igual a la inicial, es decir que la materia ni se crea ni destruye, lo cual, como es obvio, no se cumpliría en la creación *ex nihilo* de la tradición judeocristiana.

Alrededor del año 1800 el astrónomo y matemático Laplace demostró la estabilidad a largo plazo de nuestro sistema solar, pese a las perturbaciones de unos planetas sobre otros que había preocupado a Newton. Se cuenta que cuando Napoleón le comentó que no había visto en su obra referencias a Dios, a diferencia de la de Newton, Laplace le respondió «señor, yo no he necesitado de esta hipótesis». Se ve que los tiempos habían cambiado, porque convertir a Dios en una hipótesis no le significó ningún peligro de ser quemado vivo.

Durante el siglo XIX el liberalismo anticlerical tuvo gran auge y eso también produjo consecuencias en el mundo científico. Como el origen del universo no se podía explicar de manera racional, se prefirió eludir el problema y se generalizó la idea de que el universo era eterno. Lo que sí era seguro era que, aunque tanto la Tierra como el Sol no lo eran, habían sido originados hacia muchos millones de años.

En resumen, después de esta larga navegación llegamos a comienzos del siglo XX con un universo de dimensiones inconcebibles y tal vez infinitas, presumiblemente eterno. ¿Será ese el fin de la historia? ¿Hay un final para esta historia? Por lo menos hay un próximo capítulo.

El misterio del carbono

Pero antes de seguir con el origen del universo, recordemos un poco lo que nos planteábamos en el primer capítulo. ¡Cuán improbable soy, cuán improbables somos!

Volvamos de nuevo atrás en el tiempo, pero esta vez no hasta el caos primordial, sino tan solo hasta nuestros estudios secundarios. No se asusten, no quiero abusar de su memoria, tan solo pido que traten de recordar las distintas asignaturas que teníamos: Lenguaje, Historia, Matemáticas, Música, Inglés, Anatomía, Física... ¿Falta alguna? Sí, Botánica, Zoología y la temible Química. ¿No tenían Química? ¡Suerte la suya! En mi colegio teníamos dos Químicas: Inorgánica en el cuarto año y Orgánica en el quinto. Después, en la Universidad, además de estas tuve la más terrible de todas, la Química Analítica, puras recetas de cocina que memoricé la semana antes del examen y olvidé la semana después.

La Química Inorgánica que se enseñaba en aquella época se basaba en los descubrimientos del siglo XIX. La materia está formada por átomos que se pueden combinar de distintas maneras para formar moléculas. Existe un número limitado de tipos de átomos, los que se denominan elementos. Ejemplos de elementos son el hidrógeno, el oxígeno, el nitrógeno y el aluminio. Su cantidad no llega a cien.

Cada tipo de átomo tiene una cantidad determinada de valencias que son como ganchitos con los que se juntan con otros átomos de igual o distinto tipo. Por ejemplo, el hidrógeno tiene una valencia y el oxígeno dos, por lo que dos átomos de hidrógeno se combinan con uno de oxígeno para formar una molécula de agua (H_2O); lo más probable es que sea lo único que recuerdan de sus clases de química.

El oxígeno del aire no está en forma de átomos aislados, sino que usa de sus dos valencias para combinarse con otro átomo similar, formando una molécula de oxígeno (O_2), que quizás haya visto en las camisetas de algún equipo de rugby. Cuando cae un rayo en la atmósfera, cada uno de los dos oxígenos sueltan una de las manitos (valencias) para tomar la de un tercero, con lo que tenemos el famoso ozono (O_3), que nos protege de los rayos ultravioletas del sol.

No quiero aburrirlos hablando de los ácidos, las bases, los óxidos o los peróxidos. Si aún los recuerdan para qué insistir y si no, bien olvidados están. Pero sí quiero destacar que todas las moléculas de nuestra química inorgánica eran muy simples, formadas a lo más por una decena de átomos. Lo más complicado era del estilo del ácido sulfúrico (SO_4H_2), con siete átomos. Los gases de efecto invernadero, el metano (CH_4) y el anhídrido carbónico (CO_2) tienen fórmulas muy simples. Pero aprovechemos estas dos fórmulas para ver si captaron cómo funcionan las valencias: el carbono, la letra C de ambas fórmulas, ¿cuántas valencias tiene que tener para combinarse con cuatro átomos de hidrógeno o dos de oxígeno?

¿La respuesta fue cuatro? Sí, en efecto el carbono tiene cuatro valencias, lo que no es nada excepcional. El azufre, la S de la fórmula del ácido sulfúrico, puede combinarse con dos, cuatro o seis valencias. Según la que utilice tendremos sulfatos, sulfitos o hiposulfitos; en fin, toda una nomenclatura inventada por los químicos para no perderse en esta maraña.

Pero no todo es tan desordenado como parece. El ruso Mendeléyev ordenó los distintos elementos según su peso atómico creciente y los dispuso en forma de tabla, conocida como tabla periódica, donde se ve que hay elementos que forman familias con propiedades químicas similares.

El universo funciona a la perfección con la química inorgánica. En las estrellas no hay moléculas complejas. Mejor dicho, no hay casi moléculas, porque por la temperatura los átomos están libres, sin formar uniones entre sí. Incluso se podría decir que tampoco son átomos, porque en el centro de las estrellas lo que hay es una sopa de protones y electrones que andan cada uno por su lado.

Lo mismo se puede decir de los planetas. Prácticamente en su totalidad están formados por las moléculas simples que veíamos antes: óxidos, silicatos, hierro metálico, sales diversas, gases simples, agua en algunos casos, hidrógeno y helio en los planetas gigantes. Es decir, si solo existiera la química inorgánica, el universo sería casi idéntico al que contemplamos hoy.

¿Por qué casi? ¡Porque de ser así no estaríamos nosotros para contemplarlo! La química inorgánica no es capaz de crear las moléculas complejas necesarias para la vida, no solo la nuestra, tampoco la del virus más primitivo. Es decir que debo considerarme muy afortunado de que en el colegio no hubiera una sola asignatura de química sino dos: la inorgánica y la orgánica.

La Química Orgánica se basa en la maravillosa propiedad del átomo de carbono de formar cadenas, de prácticamente cualquier longitud, con sus pares. Así es como se forma la secuencia de los hidrocarburos que tan indispensables son para la vida moderna. Al metano (CH_4) que ya vimos sigue el etano (C_2H_6), ambos componentes de nuestro gas natural, el propano (C_3H_8) y el butano (C_4H_{10}), presentes en el gas licuado, y a continuación el hexano, heptano y todos los que siguen. En esta serie, las valencias que los carbonos no usan para ligarse entre sí, son ocupadas por átomos de hidrógeno, tres en cada punta de la cadena y dos en los eslabones intermedios.

Estas mismas cadenas con distintas combinaciones de oxígenos e hidrógenos forman los aldehídos, los alcoholes, las cetonas, los azúcares y muchísimas otras moléculas, algunas de enorme complejidad. Cuando se incorporan nitrógenos se obtienen los aminoácidos, que son los componentes básicos del ADN que caracteriza la vida en nuestro planeta.

En la naturaleza prácticamente todas estas moléculas son producidas por procesos orgánicos. Incluso los hidrocarburos que forman el petróleo son resultado de la descomposición de los bosques tropicales que existieron hace cientos de millones de años. No encontraremos petróleo en la Luna, en Marte, ni en ningún otro planeta en que no haya habido vida.

Una curiosidad es que algunas de estas moléculas pueden tener dos formas simétricas, como si las viéramos en un espejo. Estas dos formas polarizan la luz en distintos sentidos; la que lo hace hacia la izquierda se denomina levógira y la que lo hace hacia la derecha dextrógira. Lo curioso es que toda la vida existente en nuestro planeta se basa en aminoácidos levógiros. La pregunta de por qué no se originó también una vida basada en aminoácidos dextrógiros entiendo que no ha tenido hasta ahora una respuesta satisfactoria. O la generación espontánea de la vida no es tan probable como muchos creen o la vida levógira de alguna manera impidió el desarrollo de la vida dextrógira.

Pero la principal curiosidad es la existencia misma del carbono, ningún otro elemento es capaz de formar moléculas de la complejidad necesaria para la vida. Esto no solo es por su capacidad de hacer cadenas, sino también por su facilidad para combinarse y disociarse con el hidrógeno, oxígeno y nitrógeno, que son, junto con el carbono y el helio (inerte), los elementos más abundantes del universo.

Aunque su pariente más cercano según la tabla periódica, el silicio, también es capaz de armar cadenas, su excesiva afinidad con el oxígeno hace que prácticamente todo él esté en forma de óxidos o silicatos, moléculas de gran dureza y muy difíciles de descomponer. Las siliconas, polímeros formados por cadenas de silicio, no existen en la naturaleza y solo se producen por medios artificiales.

En el colegio yo no sabía todo esto, pero sí pude apreciar la suerte inmensa que habíamos tenido los humanos de que en el universo al menos uno de todos los elementos conocidos tuviera esa propiedad. Es decir, hace medio siglo yo ya había descubierto que vivía en un universo muy improbable, pero nunca me hubiera imaginado que era tan improbable como se supo más adelante.

Si aún me quedan lectores después de este paseo por la temible química, los invito a que volvamos a la investigación de si este universo improbable existe desde siempre o si es que nació improbable en algún momento del tiempo.

La paradoja de Olbers

Si está leyendo este libro de noche, déjelo por un momento, asómese a la ventana e intente mirar el cielo nocturno. Lo más probable es que esté encandilado y no vea nada. Apague la luz, espere un poco y vuelva a mirar. Si vive en la ciudad y tiene la suerte de no tener una lámpara de neón justo enfrente de su ventana, podrá ver un cielo lechoso y unas pocas estrellas. Si vive en el campo y es una noche sin luna verá un espectáculo maravilloso, miles de estrellas en un cielo renegrido salvo en una banda tenuemente luminosa constituida por la Vía Láctea.

Este último espectáculo pudo ser contemplado por toda la humanidad hasta comienzos del siglo XX. Hoy es el privilegio de una minoría que se resiste a vivir en las grandes ciudades, donde la iluminación callejera no solo ahuyenta a los ladrones, sino que nos aparta de la contemplación del universo. Si Abraham hubiera vivido en Santiago, Buenos Aires o Nueva York, se hubiera reído de la promesa de Dios de que su descendencia sería tan numerosa como las estrellas del cielo. Hoy cualquier abuelito más o menos prolífico puede alcanzar a ver un mayor número de sus descendientes que el puñado de astros que divisa en la noche citadina.

Tal vez usted alguna vez se haya preguntado por qué el cielo es azul de día. ¿Pero se preguntó alguna vez por qué de noche es negro o al menos oscuro? Seguramente piense que es una pregunta tonta. Es oscuro porque el Sol no está allí para iluminarlo y las estrellas, tan pequeñitas, se ve que no aportan gran cosa. Pero en un universo que pareciera ser infinito y eterno, la pregunta no es tan tonta.

Si imaginamos una serie de capas esféricas al estilo de una cebolla, todas del mismo espesor y centradas en nuestro sistema, se puede demostrar que el volumen de cada capa crece como el cuadrado de su distancia al Sol. No quiero recordarles fórmulas elementales de geometría, pero créanme que es así. La cantidad de estrellas en cada capa será aproximadamente proporcional a dicho volumen. Por otra parte, la intensidad de la luz, al igual que la fuerza de gravedad, disminuye con el cuadrado de la distancia.

Ambos efectos se compensan y el resultado es que cada capa contribuye la misma cantidad de iluminación sobre nosotros. Si el universo es infinito y contiene infinitas estrellas, el número de capas también sería infinito, al igual que la luz que estaríamos recibiendo. Como eventualmente unas estrellas más cercanas taparían a las más lejanas, deberíamos ver todo el cielo tan brillante como la superficie del Sol.

El primero que visualizó este efecto fue Kepler, por la misma época en que Galileo hacía sus descubrimientos. Otros astrónomos hicieron la misma observación, hasta que al final Olbers, a principios del siglo XIX, lo hizo conocido entre la comunidad de astrónomos. Desde entonces es conocido como la paradoja de Olbers.

Otra forma de llegar a lo mismo sería la de considerar la forma en que aumenta la cantidad de estrellas visibles por nosotros a medida que disminuye su brillo. Este brillo se mide en una escala de magnitudes, la cual lo más probable es que se haya originado en el siglo II antes de Cristo, cuando el astrónomo Hiparco creó el primer catálogo de estrellas del que se tenga memoria. En él, las estrellas más brillantes del cielo están calificadas como de primera magnitud, las que le siguen de segunda y así siguiendo hasta las de sexta magnitud, que son las más débiles que se ven a simple vista en una noche completamente oscura.

Si usted es capaz de distinguir en el cielo la Cruz del Sur, la forma del crucero está señalada por dos estrellas de primera magnitud, una de segunda y una de tercera. Si vive fuera de la ciudad alcanzará a ver una de cuarta magnitud entre la más brillante y la más débil de las cuatro anteriores. Si no entendió nada de la explicación anterior, consígase en internet una bandera de Australia, en donde aparecen dibujadas las cinco estrellitas.

No tenemos aquel catálogo de Hiparco, pero sí el de Ptolomeo que ya hemos mencionado, el cual es posterior por tres siglos. Contiene algo más de mil estrellas, de las cuales dieciséis son de la primera magnitud, cuarenta y cinco de la segunda, doscientos nueve de la tercera y cuatrocientos setenta y cinco de la quinta. Se ve que cada nueva magnitud aporta el triple o el cuádruple de estrellas que la magnitud anterior. Si hiciéramos lo mismo con un catálogo moderno, observaríamos una relación similar.

Ahora bien, cuando en el siglo XIX se inició la ciencia de la fotometría, se descubrió que en promedio las estrellas de una determinada magnitud tenían dos veces y media el brillo de las de la magnitud siguiente. Dado que la cantidad de estrellas por magnitud aumenta más rápido que esa relación, se sigue que cada nueva magnitud nos envía al menos tanta luz como la anterior. Si el universo fuera infinito, habría también infinitas magnitudes e infinita sería también la luz que nos llegaría a nosotros.

Como no he encontrado en la literatura científica este razonamiento, podríamos llamarlo de manera tentativa la paradoja de Vila Echagüe. Quizás usted se pregunte quién es ese. ¡Vaya! Parece que con esta ensalada de ilustres astrónomos ya se olvidó del nombre del humilde aficionado autor de estas líneas.

Volvamos a Olbers. Los astrónomos de la época no se mostraron muy impresionados por su paradoja. Ensayaron varias explicaciones, pero la que los dejó más conforme fue pensar que el espacio no era del todo transparente y que la luz de las estrellas más lejanas sería atenuada por algún material absorbente. Por algunas décadas quedaron felices con esta idea, hasta que a mediados de siglo se desarrolló la ciencia de la termodinámica, que no solo echó por tierra esta explicación, sino que dio un nuevo argumento aún más contundente en contra de la eternidad del universo.

En efecto, la termodinámica demostró que, de haber un material absorbente en el espacio, la luz que este absorbería poco a poco lo iría calentando hasta alcanzar una temperatura similar a la de la infinitud de estrellas que lo estaban iluminando. Con esa temperatura el material absorbente irradiaría luz igual que cualquier estrella, con lo que tampoco tendríamos un cielo oscuro.

Pero lo que de verdad conmovió al pensamiento científico fue la llamada segunda ley de la termodinámica. Lo que esta ley dice es que en un sistema cerrado la entropía solo puede crecer en el tiempo, nunca disminuir. La entropía es un término técnico que en realidad significa el grado de desorden del sistema. No me refiero al desorden con que nosotros guardamos nuestros papeles o nuestros hijos su ropa, aunque también pudiera aplicarse a eso.

Veamos un efecto práctico que ocurre todos los días en nuestro cuarto de baño. Si usted tiene una jarra con medio litro de agua fría y otra con medio litro de agua caliente, sabe que si los mezcla tendrá en breves instantes un litro de agua tibia. Pero intente la experiencia inversa, obtener medio litro de agua fría y caliente a partir de un litro de agua tibia. No podrá hacerlo sin recurrir a elementos externos, como calentadores y refrigeradores. Y si lo hace con estos medios, un científico podrá demostrarle que la entropía del sistema formado por su casa ha aumentado otra vez.

Si vemos el universo como un sistema cerrado en el que la entropía siempre aumenta, no sería posible que el universo hubiera existido desde siempre. Este tema complicó a los científicos del siglo XIX aún más que la paradoja de Olbers, para la cual creían que tenían otras explicaciones. Fue una de las causas que produjeron el colapso de la antigua física y dieron origen a la nueva física que caracterizó al siglo XX.

El átomo primitivo

¿Dónde estábamos? En que la mayoría de los científicos suponía que vivíamos en un universo infinito en el espacio y eterno en el tiempo. Alguno diría que, como ya no creían en Dios, tuvieron que dotar al universo de las cualidades que antes se le atribuían a Él. Por lo pronto había quienes pensaban que la ciencia ya había llegado al límite del conocimiento y solo faltaban pequeños ajustes aquí y allá.

El siglo XX se abrió con una batería de nuevos descubrimientos que cambiaron por completo esa perspectiva. La estructura del átomo, la relatividad y la mecánica cuántica fueron algunos de los más importantes. Fue justamente la relatividad general de Einstein, publicada en 1916, la que provocó la primera gran conmoción en la imagen del universo que había construido la ciencia decimonónica.

La relatividad general tiene como uno de sus fundamentos la curvatura del espacio. Cualquier masa de materia deforma el espacio a su alrededor, pero también el universo en gran escala pudiera ser curvo. Algo así como pasar de la Tierra plana de los antiguos a nuestra Tierra redonda. Se abrieron nuevas posibilidades, tal como que el universo fuera finito pero ilimitado, es decir que marchando derecho en una dirección uno volviera al mismo punto. ¡La versión cósmica de la circunnavegación de Magallanes y El Cano! O también que con un telescopio que tuviese la suficiente potencia me pudiera ver la propia nuca.

El mismo Einstein favoreció ese modelo de universo, una especie de esfera cuatridimensional. Había un solo problema: la fuerza de la gravedad haría que todas las masas de este universo se atrajeran unas a otras, con lo que la súper esfera colapsaría.

Para evitarlo introdujo en sus fórmulas una misteriosa constante cosmológica, la que representaba una repulsión que tenía un efecto sensible solo a grandes distancias. Con esto él creía que lograba un universo estático, lo que al menos permitía seguir pensando en un universo eterno.

Poco duró esta visión tranquilizadora. Solo un año después el físico holandés De Sitter publicó otra solución a las ecuaciones de Einstein, según la cual un universo desprovisto de materia se expandía en forma indefinida. Esto, que al principio parecía un interesante ejercicio matemático, alcanzó notoriedad cuando el astrónomo norteamericano Slipher logró obtener espectros de algunas de las tenues nebulosas espirales que, en cantidades siempre crecientes, se venían descubriendo en el cielo desde fines del siglo XVIII.

Los espectros mostraron la descomposición de la luz en sus colores elementales, los mismos que vemos en el arco iris, y permitieron no solo conocer la composición química de los objetos que emiten la luz, sino también determinar sus velocidades de acercamiento o alejamiento. Cuando el objeto se acerca su luz se ve más azulada y cuando se aleja se ve más rojiza, de manera similar al sonido de la sirena de una ambulancia, más agudo cuando se está acercando y más grave cuando ya pasó frente a nosotros.

Las mediciones de Slipher mostraron que las nebulosas tenían velocidades de acercamiento o alejamiento de cientos de kilómetros por segundo, mucho mayores que las que hasta entonces se habían encontrado para las estrellas, las que son del orden de unas pocas decenas de kilómetros por segundo. En las primeras mediciones obtuvo tanto velocidades de acercamiento como de alejamiento, pero a medida que observaba nebulosas más débiles empezó a encontrar solo velocidades de alejamiento, llegando algunas a superar los 1000 km/s. De unas treinta velocidades conocidas en 1921, solo tres eran negativas o de acercamiento.

Para aumentar la confusión, por esa misma época había un gran debate entre los astrónomos sobre la naturaleza de las nebulosas espirales. Muchos creían ver en ellas sistemas solares en formación, similares a la nebulosa que más de cien años antes había propuesto Laplace como origen de nuestro propio sistema. Otros apoyaban la hipótesis del filósofo Kant, quien, cuando apenas se conocía un puñado de nebulosas, había postulado que eran sistemas estelares similares a nuestra Vía Láctea, situados a enormes distancias de nosotros.

En cualquier caso, el hecho de que huyeran de nosotros sonaba muy extraño. Si eran parte de nuestra Vía Láctea, ¿qué era lo que las repelía? Si no lo eran, había dos alternativas. Una era que nuestro sistema ocupara una posición especial en el universo, lo que se oponía a lo que había venido predicando la ciencia desde que Copérnico sacó a la Tierra del centro del universo. La otra, más lógica, era que todas las nebulosas se estuvieran separando entre sí, o sea que desde cualquiera de ellas todas las demás se vieran alejándose. Algo similar a lo que sucede cuando inflamos un globo: todas sus partes se alejan unas de otras.

La disputa sobre la naturaleza de las nebulosas espirales se resolvió en poco tiempo. Para 1924 el astrónomo norteamericano Hubble, usando el telescopio de Monte Wilson que recién se había inaugurado, observó estrellas en las nebulosas espirales similares a las de nuestro sistema, solo que muchísimo más débiles. Fue entonces cuando se hizo habitual el uso del término de galaxias para denominar a estos objetos, palabra que viene del griego y que simplemente significa lácteo, de leche. Como ven, no solo los médicos usan palabrejas griegas para impresionarnos a los neófitos.

En los mismos años en que sucedía esto, el matemático ruso Friedman obtuvo una nueva solución para las ecuaciones de la relatividad general, esta vez aplicable a un universo real, donde tanto era posible una expansión desde un momento inicial como sucesivos ciclos de expansiones y contracciones. En resumen, esto terminaba de echar por la borda el universo estático de Einstein. No es de extrañar que este se rehusara a validar en principio los cálculos de Friedman y que cuando por fin los aceptó, lo hizo comentando que no podían tener ningún significado físico.

En 1928 el mismo Hubble demostró que había una proporcionalidad entre las velocidades de alejamiento de las galaxias y sus distancias a nuestro sistema. El factor de proporcionalidad, conocido hoy como la constante de Hubble, pasó a ser una de las piezas claves de la cosmología moderna. Ese es el motivo por el que el telescopio espacial lleva su nombre. Sin embargo, debido a errores en la estimación de las distancias de las galaxias, el valor obtenido al inicio por Hubble era unas siete veces mayor que el valor determinado en la actualidad, lo que trajo consecuencias que veremos más adelante.

Pero no había sido Hubble el primero en calcular su famosa constante. Un año antes un sacerdote belga, el abate Lemaitre, había escrito un artículo poco conocido en el que establecía que la verdadera causa del alejamiento de las galaxias era la expansión del universo. Lemaitre había descubierto de manera independiente el modelo de Friedman, pero, a diferencia de aquel, no solo lo consideró un ejercicio matemático, sino una realidad física. El artículo también incluía una estimación de la velocidad de expansión calculada con menos datos que los disponibles para Hubble, pero con un resultado bastante parecido.

Fue el mismo Lemaitre el que dio el paso que faltaba. Proyectando la expansión del universo hacia el pasado, llegó a la conclusión de que todo se habría originado a partir de un estado inicial de enorme densidad y altísima temperatura, en que toda la materia formaba parte de un solo átomo, de cuya progresiva desintegración se habría formado toda la materia que conocemos. No pudo dar mayores detalles de ese proceso porque era regido por las leyes de la mecánica cuántica que recién daba sus primeros pasos en aquella época.

La publicación en 1931 de su teoría del átomo primitivo sí alcanzó notoriedad esta vez, pero fue objeto de muchas controversias. Había razones ideológicas para oponerse a ella. La eternidad del universo era algo que estaba en el corazón de la mayoría de los científicos, y en especial el hecho de que un sacerdote católico saliera con algo que se parecía mucho al «hágase la luz» del *Génesis* suscitaba muchas suspicacias.

La teoría no fue rechazada ya que la argumentación científica era impecable, pero tampoco aceptada salvo por unos pocos. Lemaitre también tuvo que frenar los intentos de la Iglesia de aprovechar su teoría como demostración de la verdad científica de los relatos de las Sagradas Escrituras. Insistió y al final prevaleció su idea de que no debían mezclarse la religión y la ciencia.

En todo caso la Iglesia había evolucionado mucho desde los tiempos de Galileo. El hecho de que ya hace noventa años considerase perfectamente aceptable el que un sacerdote estimara la edad del universo en miles de millones de años en lugar de unos pocos miles o que propusiera una forma de origen que tenía poco que ver con la creación bíblica en seis días representaba un enorme cambio. Aún hoy existen muchas confesiones cristianas, en especial en EE. UU., que expulsarían de su comunidad a alguien que pensara como Lemaitre.

También la teoría presentaba dificultades desde el punto de vista científico. El universo ahora no solo tenía un origen sino también una edad y no era difícil calcular esta última. Si la velocidad de expansión se había mantenido constante en el pasado, era tan simple como invertir la constante de Hubble. Con el valor que este había determinado la edad resultante no llegaba a los dos mil millones de años. Si, como era de suponer, la velocidad de alejamiento era decreciente en el tiempo a causa de la atracción mutua entre las galaxias, la edad sería aún menor.

El problema estaba en que para esa fecha la ciencia tenía diversos indicios de que el universo era más viejo. Usando la técnica de datación radiactiva ya se habían encontrado rocas con antigüedades de al menos 1600 millones de años y se suponía que la Tierra debía ser aún mucho más vieja. Lo mismo valía para la edad de las estrellas.

En esos años se descubrió que su fuente de energía era la transmutación del hidrógeno en elementos más pesados, pero los modelos de su estructura interna requerían de más tiempo para su evolución. También los astrónomos necesitaban tiempos mayores para que diversos sistemas estelares pudieran llegar a las situaciones de equilibrio que muestran en la actualidad. En fin, había cosas que parecían no funcionar en la teoría, además de lo incómodo que resultaba para los físicos tener que explicar un origen para el cual no tenían ninguna explicación.

En la década siguiente hubo algunos avances favorables para la teoría, aunque no bastaron para convencer al mundo científico. Uno de ellos se logró, en cierta medida, con ayuda de la Segunda Guerra Mundial. Es que durante la misma el astrónomo Baade aprovechó los oscurecimientos decretados para dificultar eventuales ataques aéreos y, usando el mismo telescopio que había usado Hubble veinte años antes, logró fotografiar estrellas mucho más débiles en los centros de las galaxias, lo que le permitió establecer que su distancia era mucho mayor que lo que aquel había pensado. Con esto, el valor de la constante de Hubble se reducía, aumentando con eso la edad estimada del universo.

Sumado a eso, a fines de la década el físico soviético Gamow logró explicar la composición química del universo primitivo, que estaba formado aproximadamente por un 75 % de hidrógeno, el elemento más liviano, un 25 % de helio, el elemento que le sigue, y casi nada de los elementos más pesados, justamente aquellos que forman nuestro planeta, nuestro cuerpo, nuestro auto, el computador en el que estoy escribiendo estas líneas y, por decirlo así, todo lo que nos interesa. Gamow demostró que esa composición se producía solo si el universo había pasado por un breve período de enorme densidad y temperatura, tal como el que había postulado el abate Lemaitre.

Con estos avances la teoría ganó en credibilidad, pero aún faltaban pruebas definitivas. Aún quedaban científicos dispuestos a dar una última batalla en favor de su querido universo infinito y eterno.

Hacia el Big Bang

«בראשית...», «ἐν ἀρχῇ...», «in principio...», «in the beginning...», «en el principio creó Dios los cielos y la tierra...», palabras que en hebreo, griego, latín, inglés, castellano y cientos de otros idiomas estaban insertas en la cultura de Occidente hacía más de dos mil años. ¿Sería posible que después de casi cuatrocientos años la ciencia moderna no hubiera podido desterrar esta leyenda? ¿De qué habían servido la Ilustración y más de un siglo de iluminismo? ¡Para peor, que fuera un abate católico el que nos viniera a decir que, después de todo, sí hubo un principio! ¡Que el universo había empezado con una gran explosión! ¡Un *big bang*! ¡Qué idea tan poco científica!

No puedo asegurar que este fuera el pensamiento de algunos de los científicos de aquel entonces, pero lo cierto es que aparecieron teorías alternativas que buscaron otra explicación a los fenómenos que hemos estado describiendo. La más atrevida fue la teoría del estado estacionario, publicada en 1948 por los físicos ingleses Hoyle, Bondi y Gold. Se basó en lo que ellos llamaron el principio cosmológico perfecto.

¿De dónde salió este nombre tan curioso? Es que para ese entonces la observación de las galaxias había mostrado que en las escalas mayores el universo era notablemente homogéneo, es decir que no había lugares con mayor concentración de materia que otros. Esto era una extensión de la revolución copernicana que había sacado a la Tierra del centro del universo. Ahora tampoco el Sol ocupaba una posición especial dentro de nuestra Vía

Láctea, sino una ubicación periférica más cerca de su borde que del centro.

La misma Vía Láctea tampoco era la más grande de nuestro grupo local, posición reservada para la galaxia de Andrómeda. Nuestro grupo local era uno más de los que componían el súper cúmulo de galaxias de Virgo, el que a su vez era semejante a los innumerables cúmulos más lejanos que se alcanzaban a distinguir con los telescopios más potentes de la época. Los científicos habían elevado esta observación a la categoría de un principio fundamental, y lo habían denominado el principio cosmológico.

El principio cosmológico perfecto fue la extensión del principio cosmológico a la dimensión temporal. ¿Acaso no había mostrado Einstein que el espacio y el tiempo eran intercambiables? Pero en un universo en expansión, la densidad tiene que disminuir a medida que pasa el tiempo. También las estrellas envejecen, la dichosa entropía crece y crece y, en fin, ya nada es como antes.

Lo mismo que pasa con nuestra civilización, solo que esta cambia cada vez más rápido mientras que el universo lo hace a un paso constante y mesurado. Pero, sea como sea, estos científicos ingleses consideraron que esto no podía ser, e ingeniaron la manera de que a pesar de todo lo anterior, el universo en gran escala se mantuviera más o menos igual por toda la eternidad o, como lo hubiera dicho nuestro ya conocido Santo Tomás, *per omnia sæcula sæculorum*.

El mecanismo que idearon para esto fue la creación continua de materia. ¿Cómo? ¿No era que el tema de la creación inicial molestaba a los científicos? Es cierto, pero si postulas que la densidad del universo tiene que mantenerse constante y al mismo tiempo aceptas que está en expansión, no te queda otra salida. Fue así como propusieron reemplazar el Big Bang, término acuñado por Hoyle para referirse de manera despectiva al modelo de Lemaitre, por muchísimos *minibangs*.

¿Cómo se produciría la creación continua? Muy simple: con la aparición espontánea a partir de la nada de átomos de hidrógeno por todo el universo. Sería algo prácticamente imperceptible. Según sus cálculos, en todo el volumen de nuestro planeta Tierra, interior incluido, se crearía un átomo cada quince segundos. No se asusten, la probabilidad de que uno de estos átomos apareciera de repente en su casa es bajísima, y aún menor de que se materialicen dentro de su cerebro. Algo indetectable por el hombre pero que permitiría mantener la densidad del universo constante y que de esa forma se cumpliera el principio cosmológico perfecto.

Cuesta creer que un grupo de científicos pudiera plantear una teoría tan extraña, aunque fuera solo en calidad de hipótesis. Violaba principios básicos de la física, como la conservación de la materia y la conservación de la energía. Es decir que para evitar un instante inicial en el que no se habrían cumplido las leyes de la física que hoy conocemos preferían que hubiera un incumplimiento permanente de las mismas a lo largo de toda la historia del universo. Igual de increíble es que esta teoría haya gozado de un alto grado de respetabilidad en los medios científicos durante muchos años, en tanto que la teoría del átomo primitivo de Lemaitre era mirada con desconfianza y hasta con cierto grado de ironía. Mi sensación es que había razones no científicas detrás de esta actitud, pero dejo libertad a mis lectores para pensar lo que prefieran.

Fue un descubrimiento fortuito el que trajo de vuelta al primer plano la teoría de Lemaitre, ahora rebautizada por sus oponentes como Big Bang. En 1960, en los laboratorios Bell, se inició un proyecto para transmitir ondas de radio a grandes distancias, haciendo rebotar las emisiones en una red de globos a gran altura. Con el lanzamiento en 1962 de los primeros satélites de telecomunicaciones este proyecto perdió vigencia.

Dos radioastrónomos que trabajaban en dichos laboratorios, Penzias y Wilson, decidieron usar una antena que había quedado liberada del proyecto para sus investigaciones. Cuando empezaron a observar en una frecuencia, que hoy calificaríamos como microondas, detectaron un ruido de fondo imposible de eliminar. Era el mismo de noche y de día, en verano o en invierno.

Por último buscaron si había alguna explicación teórica para ese ruido, contactándose con el astrofísico Dicke, quien residía cerca de donde estaban ellos. Este justamente estaba investigando las posibles consecuencias de un estado inicial del universo de altísima densidad y temperatura. Su conclusión era que aún deberían quedar rastros de aquel supremo estallido de energía, en forma de una radiación de baja frecuencia perceptible en todas direcciones. La enorme expansión desde entonces había enfriado, por así decirlo, aquella energía inicial. Un fenómeno inverso a cuando se nos calienta el inflador de la bicicleta al comprimir el aire dentro de él.

Ya algunos científicos, muchos años atrás, habían predicho lo mismo, pero en aquella época la radioastronomía aún no existía, por lo que la predicción había pasado inadvertida. Ahora la cosa había cambiado. Penzias y Wilson volvieron a su antena y continuaron las mediciones, esta vez probando con otras frecuencias. Descubrieron que la distribución de energías en las distintas frecuencias correspondía a la radiación de un cuerpo negro que tuviera una temperatura de unos 3° absolutos, unos 270 °C bajo cero. Esto coincidía con la predicción de Dicke, algo bastante impresionante. ¡Estaban viendo, por decirlo así, el origen del universo! ¡El «hágase la luz» del *Génesis*!

Posiblemente nuestros lectores se pregunten cómo es posible ver algo que sucedió hace miles de millones de años. Quizás pensemos que el viaje en el tiempo es tan solo un recurso literario de los autores de ciencia ficción. Esto, válido para el común de los mortales, no lo es para los astrónomos. En realidad, también nosotros somos capaces de ver el pasado. Cuando miramos el Sol, lo vemos como era hace ocho minutos.

Si miramos las estrellas, la luz que partió de muchas de ellas lo hizo antes de que nacieran nuestros abuelos. Si en una noche oscura fuera de la ciudad podemos divisar dos nubecitas que giran en torno al polo sur celeste, las Nubes de Magallanes, no las vemos como son ahora sino como estas eran antes de la aparición del *homo sapiens* sobre la Tierra.

Los astrónomos, con sus poderosos telescopios, pueden ver mucho más lejos y, por consiguiente, mucho más atrás en el tiempo. Los objetos más distantes que se alcanzan a observar están bastante más cerca del inicio del universo que del tiempo presente. La radiación de microondas que descubrieron nuestros dos radioastrónomos es aún más antigua. Si el universo tuviera mi edad, sería como verme cuando yo aún no tenía un día de vida. He cambiado bastante desde entonces, pero por suerte no tanto como lo hizo el universo.

En 1965 Penzias y Wilson publicaron su descubrimiento de la misteriosa radiación. Como Wilson era adepto a la teoría del estado estacionario, no hicieron referencia a las posibles implicancias cosmológicas. Pese a ello, al ser un fenómeno que no tenía cabida en dicha teoría, la misma perdió defensores con rapidez entre el mundo científico. La transcendencia del descubrimiento fue tal que en 1978 se les concedió a ambos el Nobel de física.

En la actualidad el Big Bang es aceptado por casi la totalidad de los científicos. Muchas otras observaciones muestran que el universo que conocemos partió de un momento inicial de altísima densidad y temperatura. Incluso se sabe con bastante precisión cuándo ocurrió aquello, hace unos 13.800 millones de años. La cifra puede parecer impresionante, pero no es tan alta si se compara con la edad del sistema solar, unos 5000 millones de años, o con el surgimiento de la vida multicelular en nuestro planeta, hace unos 500 millones de años.

Nuestro Sol vivirá quizás otros 5000 millones de años, pero como se irá expandiendo y aumentando la intensidad de su radiación, no se espera que la Tierra continúe siendo habitable más allá de otros 1000 o 2000 millones de años. Considerando que los homínidos aparecieron hace solo unos 5 millones de años, que nuestra propia especie tiene un par de cientos de miles de años y que nuestra historia se empezó a escribir hace menos de 5000 años, nos queda mucho tiempo para hacer las cosas bien y también mal, para hacer llegar nuestra especie a otros sistemas solares más amigables o para hacerla desaparecer de manera ya sea violenta o por la destrucción anticipada de nuestro medio ambiente.

Es interesante saber que el universo tuvo un origen, comprobar que por una vez los mitos de las antiguas religiones coinciden con la realidad científica, pero eso no representa ningún avance para responder a dos preguntas fundamentales: ¿por qué existe el universo? ¿Por qué es como es? Sigamos nuestro camino para ver si podemos responder al menos alguna de estas dos cuestiones.

Las cuatro fuerzas

¿Recuerdan de sus tiempos escolares haber visto libros con el título de *Historia universal*? Empezaban hablando de los sumerios, después venían los egipcios, asirios, fenicios, persas, griegos y romanos, todo en un tomo, para completar nuestro primer año de historia en la secundaria, por lo general dedicado a la historia antigua. Pero el nombre estaba mal puesto, porque una historia universal debería ser la historia del universo y este ya no tiene solo cinco mil años de antigüedad, como se creía hasta el siglo XVIII, sino muchos miles de millones de años.

Esto es lo que intentaré contarles en los próximos capítulos: la historia de nuestro universo y de las infinitas coincidencias que hicieron posible que ustedes estén leyendo este libro. Es cierto que el encuentro de nuestros padres fue una coincidencia, pero previo a ello fue necesario un universo que permitiera la existencia de padres y, por supuesto, también de hijos.

Como se imaginarán, no es un tema sencillo. Vieron que para contarles las maravillas del carbono tuve que dedicarle todo un capítulo bastante técnico. Para entender algunas de estas coincidencias habría que tener un nivel de conocimientos científicos que no espero que sea el de la mayoría de los lectores; a decir verdad, tampoco yo lo poseo en la profundidad necesaria. Pero creo que bastará con algunos ejemplos para darnos cuenta de que hay algo de misterioso en este universo que tan bien se acomoda a nuestra propia existencia. En todo caso, si encuentran demasiado denso este capítulo, pasen directo al siguiente.

Intentemos, entonces, hacer un resumen de la historia del universo, tal como la han ido develando nuestros hombres de ciencia a lo largo de las últimas décadas. Para que partiendo del Big Bang inicial hayamos podido llegar a nuestro siglo XXI han tenido que pasar muchas cosas. ¿Por dónde empezar? Haré como en esas películas modernas en las que la historia comienza por la mitad y más tarde nos enteramos de que ese niñito que aparece de pronto es en realidad el mismo protagonista veinte o treinta años atrás. Espero no generarles la misma confusión que a mí me suelen producir este tipo de películas, en especial cuando las pillo por la mitad.

Nuestro punto de partida será la ya mencionada radiación cósmica de microondas. En realidad, no estamos viendo el Big Bang, sino el momento en que el universo deja de ser opaco y se convierte en transparente. Esto sucedió hace alrededor de 300.000 años después del comienzo. Hasta ese momento la materia era un revoltijo de protones, neutrones, electrones y una enorme cantidad de neutrinos y fotones, siendo estos últimos las partículas asociadas a la radiación electromagnética. Esta es la que, según su longitud de onda, conocemos como luz, ondas de radio, microondas, rayos X o rayos gama.

La alta temperatura hace que los electrones anden sueltos por el espacio, absorbiendo y reemitiendo fotones, al igual que las partículas de agua lo hacen en el interior de una nube. Cuando la temperatura desciende de un valor límite, los electrones se combinan con los protones y neutrones para formar átomos de hidrógeno y de helio. A partir de entonces los fotones tienen vía libre y el universo se hace transparente, tan transparente que aún hoy podemos detectar aquella radiación primordial.

Del período anterior no tenemos casi ninguna información. Tan solo la ya mencionada proporción entre los átomos de hidrógeno y de helio que fue consecuencia de las condiciones del universo en aquel período. Sin embargo, los científicos han podido modelar dichas condiciones casi desde el primer segundo posterior al Big Bang, extrapolando las leyes físicas que conocemos. Por suerte en aquellas condiciones de presión y temperatura la materia tiene un comportamiento sencillo.

Estamos más seguros de la constitución interna del Sol que de la de la Tierra. Es más fácil modelar el funcionamiento de una estrella que el de una célula de nuestro organismo. El universo evolucionó de lo bastante simple a lo extremadamente complejo, para bien de nosotros y, por lo visto, contra los dictámenes de la señora entropía.

Hace ya un siglo que la ciencia ha descubierto que hay cuatro fuerzas básicas en la naturaleza. Dos son bastantes sencillas de visualizar. La primera es la gravedad, con la que luchamos todos los días cuando nos levantamos de la cama. Lo más curioso es que es por lejos la más débil de las cuatro. Hacen falta enormes cantidades de materia para que tenga un efecto sensible. La Tierra, la Luna o al menos un asteroide. Cuando los astronautas hacían sus caminatas espaciales, necesitaban de una cuerda para mantenerse unidos al transbordador, porque la atracción gravitatoria de este era absolutamente insignificante.

Sin embargo, esta fuerza es la más importante en la escala cósmica, la que da origen a las galaxias, las estrellas y los planetas como el nuestro. Su intensidad se mide con una constante denominada G, que nos dice la fuerza de atracción de una unidad de masa colocada a una unidad de distancia. Expresada en metros y kilogramos, por supuesto que nos da un valor pequeñísimo, pero cuando la aplicamos a la masa de la Tierra, allí está la balanza del baño para mostrarnos cuanto más nos atrae nuestro planeta después de la comilona de anoche.

La segunda es la fuerza electromagnética. En la vida corriente se manifiesta a veces de manera bastante sutil, como papelitos que se pegan a los vidrios o pelos que se levantan de repente, pero también de forma impresionante en las tormentas eléctricas. Quizás recuerden algo de lo que vieron en sus clases de física: en la naturaleza existen cargas eléctricas positivas y negativas. Las de distinto signo se atraen y las del mismo signo se repelen. Las cargas eléctricas en movimiento generan campos magnéticos y la variación de estos últimos genera campos eléctricos.

El dominio de esa fuerza por el hombre a partir de mediados del siglo XIX es lo que ha producido los mayores cambios en nuestra civilización. Todos sabemos que hoy nuestras comunicaciones, nuestras industrias, nuestro transporte y nuestros entretenimientos dependen por completo de la electricidad, pero es posible que ignoremos que esta fuerza es un ingrediente esencial de cada una de las moléculas de nuestro cuerpo.

En efecto, es esta fuerza la que mantiene a los electrones unidos a los núcleos de los átomos. Cada electrón tiene una carga negativa y los núcleos una o más cargas positivas. En su estado normal, hay tantos electrones en un átomo como las cargas positivas de su núcleo, lo que hace que cada átomo sea eléctricamente neutro. Pareciera ser que en el universo hay tantas cargas positivas como negativas, lo que es muy afortunado, ya que de lo contrario existirían enormes fuerzas de atracción y repulsión que destruirían todos nuestros sistemas estelares. Es que la fuerza electromagnética es incomparablemente más intensa que la gravitatoria y solo la feliz coincidencia de que haya exactamente la misma cantidad de cargas de cada signo en el universo hace que no la apreciemos en nuestra vida corriente.

Tal como la constante G caracteriza a la gravedad, la fuerza de la interacción electromagnética se caracteriza por la constante de estructura fina, simbolizada con la letra griega α. Esta vale alrededor de 1/137 y, junto con la relación de masas entre un electrón y un protón, denominada $\beta \approx 1/1836$, determinan completamente la estructura de todos los átomos y moléculas del universo. Si estas constantes tuvieran valores un poco diferentes cambiaría por completo la química que conocemos, afectando, por ejemplo, la estabilidad de las moléculas de ADN que son la base de la transmisión de nuestro código genético.

La gravedad y la interacción electromagnética tienen alcance ilimitado, aunque se debiliten con la distancia. Las otras dos fuerzas básicas tienen un alcance muy reducido, no mucho más allá de las dimensiones de los núcleos de los átomos. Estas dos fuerzas han sido bautizadas por los científicos de manera poco imaginativa. Una se llama interacción débil y la otra interacción fuerte.

La primera es la que regula la transformación de un neutrón en un protón, un electrón y un neutrino, junto con la reacción contraria. Es fundamental en la generación de la energía de las estrellas. Cambios mínimos en la intensidad de esta fuerza podrían hacer ya sea que las estrellas tuvieran vidas demasiado cortas para la evolución de la vida o, a la inversa, que las estrellas nunca pusieran a funcionar sus reacciones nucleares, que en última instancia son el sustento de la vida.

La interacción fuerte es la que permite mantener unidos los núcleos de los átomos. Habíamos visto que las cargas del mismo signo se repelen con mayor fuerza cuanto menor es la distancia entre ellas. A principios del siglo XX se descubrió que los átomos están formados por un núcleo muy pequeño y masivo cargado positivamente, rodeado de electrones de carga negativa. El núcleo se caracteriza por su carga eléctrica y por su peso.

Se observó que la carga eléctrica de los átomos de los distintos elementos químicos es un múltiplo de la carga del núcleo del átomo de hidrógeno. Lo mismo sucedía con el peso, al menos de manera aproximada.

Se vio, por ejemplo, que el núcleo de helio tenía el doble de la carga eléctrica que el átomo de hidrógeno y aproximadamente cuatro veces su peso. A partir de esto se supuso que el núcleo estaba formado por combinaciones de dos tipos de partículas: los protones, idénticos al núcleo del átomo de hidrógeno, y otra partícula de casi el mismo peso que el protón, pero sin carga eléctrica, la que se bautizó como neutrón. Según esto, el núcleo de un átomo de helio estaría formado por dos protones y dos neutrones.

¿Cómo es posible esto? ¿No habíamos dicho que las cargas del mismo signo se repelen? Un protón que se aventure dentro de un átomo de hidrógeno hasta la zona donde orbita su electrón será repelido con una fuerza igual a la atracción que mantiene al electrón unido al núcleo. Si continúa acercándose al núcleo hasta quedar casi contiguo a él, será repelido por una fuerza muchísimo mayor, porque tanto la atracción como la repulsión están en proporción inversa al cuadrado de la distancia. ¿Cómo es, entonces, que pueden convivir en el núcleo de helio dos protones cargados positivamente, sin salir disparados el uno lejos del otro? En el núcleo del átomo de hierro, paradigma de estabilidad, hay 26 protones y en el de uranio, no tan estable pero aún abundante en la naturaleza, nada menos que 92.

Para resolver esta paradoja los científicos tuvieron que imaginar una fuerza atractiva aún más poderosa que la electromagnética, pero que actuara solo a muy corta distancia, del orden de la magnitud de los núcleos de los átomos. Esta fuerza, que actúa tanto sobre los protones como sobre los neutrones, fue llamada fuerza fuerte, por razones bastante obvias.

Es esta fuerza la que determina la cantidad total de elementos que compone el universo. ¿Por qué son alrededor de cien y no mil o quizás media docena? Porque a medida que tenemos más protones en un átomo, la fuerza electromagnética de repulsión entre ellos crece, en tanto que la llamada fuerza fuerte se mantiene igual, hasta que llegado un cierto punto el átomo estalla como los átomos de uranio en una bomba atómica.

Si la fuerza fuerte fuera mucho más débil, valga la paradoja, el átomo de helio estallaría apenas formado, no habría átomos de carbono, nitrógeno, ni oxígeno, ni tampoco autor ni lectores de este libro. A la inversa, si fuera mucho más fuerte, quizás toda la materia del universo terminaría como hierro o átomos aún más pesados, sin capacidad de generar todas las maravillas que nos muestra la química orgánica basada en el carbono.

No quiero seguir aburriéndolos al tratar de resumir en unos cuántos párrafos todos los descubrimientos de la física durante el siglo XX. Me siento como un profesor de historia antigua que en lugar de contarnos los logros políticos y culturales de egipcios y sumerios o las luchas entre griegos y persas, se dedicara a explicarnos cómo se determina la edad de los hallazgos arqueológicos mediante los distintos tipos de alfarería. Una verdadera lata. Mejor retomemos nuestra historia universal en el punto en que la habíamos dejado: en el momento en que el universo se hace transparente.

El período oscuro

¿Cómo era el universo en el momento en que por fin se abrió a la contemplación de nuestros ojos? Era una enorme masa de gas caliente, a unos 3000 °C de temperatura, en un proceso de furiosa expansión. ¿Qué destino puede tener una bola de gas con esas características? Imaginemos qué pasa con un globo cuando lo reventamos. Todo su contenido se disipa y nunca más se vuelve a juntar. Si ese hubiera sido el destino del universo, tanto usted como yo nos habríamos disipado también; es decir, no nosotros sino los átomos que a través de múltiples transformaciones estaban destinados a ser parte de nuestro cuerpo.

Por suerte esta bola, al contener una cantidad de gas infinitamente mayor a la de nuestro globo, siente el efecto de la fuerza de gravedad. La expansión lucha contra el propio peso del gas, que contiene toda la masa del universo. ¿Quién ganará? Si gana la expansión, ya sabemos nuestro destino, ser unos disipados, aunque no en el sentido corriente de la palabra. Si gana la gravedad, la bola se vuelve a contraer, a calentar, y tampoco tenemos cabida en ese infierno.

Esto mismo lo expresa la ciencia en términos de la densidad crítica del universo. Si la densidad es mayor a cierto valor, el universo es cerrado y tarde o temprano colapsará. Si es menor, es abierto y seguirá expandiéndose para siempre. Los primeros estudios de la densidad del universo mostraban que esta era mucho menor que dicho valor crítico, pero por otras fuentes de información se ha logrado determinar que el universo es prácticamente plano, o sea, la situación límite entre cerrado y abierto.

Para que esto suceda la densidad tiene que ser igual al valor crítico, por lo que los científicos tuvieron que suponer que junto a la materia visible debe haber una gran cantidad de materia oscura, indetectable para nosotros. Veremos más adelante que esta materia tampoco podría ser de la misma naturaleza que la nuestra, formada por protones, neutrones y electrones. No emitiría ningún tipo de radiación y solo se manifestaría a través de la atracción gravitacional que ejerce. También han postulado la existencia de energía oscura, la que debido a la equivalencia entre materia y energía que descubrió Einstein, hace su aporte a la densidad del universo.

El hecho de que 13.800 años después del Big Bang aún no esté claro si el universo es abierto o cerrado es algo que ha intrigado a los científicos. Para que eso haya sucedido fue necesario que el valor inicial de la expansión del universo estuviera ajustado en una parte en 10^{60}, es decir un uno seguido de sesenta ceros, un número mayor que todo lo imaginable. Para la ciencia semejante casualidad es inaceptable y veremos más tarde que se han propuesto hipótesis para tratar de explicarlo.

En lo que a nosotros respecta, el hecho de que el universo sea plano es una coincidencia providencial. Eso no solo evitó el colapso inicial, sino que le dio tiempo al universo para pasar de esa masa informe de gas caliente inicial a este mundo maravilloso que habitamos hoy. Pero no basta con el tiempo. Para pasar de esa nube de hidrógeno y helio a tener un Sol como el nuestro y un planeta como nuestra Tierra fue necesario que ocurrieran muchas cosas, todas ellas condicionadas a valores muy especiales de las constantes básicas de nuestra física.

Lo primero es lograr que al menos partes de este gas se condensen de alguna manera, para lo cual en algunos lugares la fuerza de gravedad debió ser capaz de vencer a la expansión. Tienen que formarse como grumos en la masa inicial y esos grumos tienen que haber estado presentes desde el principio, o al menos desde el momento en que el universo se hizo transparente. Se deberían poder ver en la radiación de microondas primordial como áreas con leves diferencias de temperatura.

En las primeras mediciones estas diferencias no se pudieron detectar. La radiación era perfectamente isótropa, lo que significa que es igual en cualquier dirección que miremos. Sin embargo, la presencia de esos grumos era necesaria para que el gas formara condensaciones que fueran las semillas donde nacerían las estrellas como nuestro sol. Este tema tuvo a mal traer a los científicos, quienes no lograban explicar cómo se habían formado las innumerables galaxias que pueblan nuestro universo.

Con el avance de la tecnología por fin se pudieron ver pequeñas diferencias de temperatura en la radiación cósmica, pero insuficientes para explicar la formación de las galaxias. La solución al misterio, ¡cuándo no!, vino por el lado de la materia oscura. Si ustedes son de los que creen que hay una contraposición entre la fe y la razón, les puedo asegurar que se necesita mucha fe para creer en algunas de las teorías que proponen nuestros modernos astrofísicos. Quizás más adelante nos encontremos con más ejemplos de estas últimas.

La materia oscura podría tener condensaciones desde antes de que el universo fuera transparente. Al iniciarse esta etapa las condensaciones habrían servido de semillas para que a su alrededor se agrupara la materia visible, en aquel momento solo hidrógeno y helio. No está claro si se formaron primero las galaxias y dentro de ellas se inició la generación de estrellas o si fue al revés, primero nacieron las estrellas y después se agruparon en galaxias.

La clave para uno u otro mecanismo es la temperatura de la materia oscura. Si esta fuera caliente, primero las galaxias, si fría, las estrellas. Se ve que el tema del huevo o la gallina es mucho más antiguo que los huevos y las gallinas. Tengo fe en que aún estaré vivo cuando los científicos logren introducir un termómetro en la materia oscura y aclararnos este dilema.

Materia oscura o no, lo cierto es que las galaxias existen y se formaron unos pocos cientos de millones de años después del inicio de la transparencia. Las más antiguas que han logrado detectar los telescopios Hubble y James Webb son de esa época. ¿Qué sucedió antes? Hubo una primera fase de oscuridad completa hasta que aparecieron las primeras estrellas, quizás cuando la edad del universo era de unos doscientos millones de años. ¿Pero no habíamos dicho que la radiación primordial ya existía desde el inicio de la transparencia? En efecto, pero con la rápida expansión ya había perdido energía y se había convertido en microondas, invisibles para el ojo humano. Son las estrellas las que iluminan el universo, igual como el Sol lo hace con nosotros.

Ya que hablamos de galaxias, ¿ha visto usted alguna? Es posible que haya visto algunas bonitas fotos donde las galaxias parecen esos fuegos artificiales que, clavados en algún árbol, giraban lanzando chispas a su alrededor. Pero eso es tan solo el efecto de la acumulación de la luz en la placa fotográfica. Las galaxias no se parecen en nada a lo que se ve en las fotos. A simple vista son unas manchas blancuzcas que solo se perciben si el cielo está del todo oscuro. Eso lo supe yo incluso antes de saber lo que era una galaxia.

Cuando era chico, veraneábamos en una quinta a unos cuarenta kilómetros del centro de Buenos Aires. A ese lugar aún no llegaba la polución lumínica que hoy cubre buena parte del planeta. Como no había televisión, ni juegos de video, ni internet, ni ninguno de los entretenimientos de la juventud actual, en las noches yo me dedicaba a tratar de reconocer las constelaciones en el cielo y aprender los nombres de las principales estrellas. Era una noche absolutamente despejada, excepto por una tenue nubecita que se veía por encima de la copa de los eucaliptos.

Me llamó la atención porque no se movía, permaneciendo siempre en el mismo lugar. En realidad, sí se movía, pero muy de forma muy lenta por el movimiento diurno de la Tierra. Solo mucho tiempo después me enteré de que estaba mirando una de las Nubes de Magallanes, a las que he hecho referencia con anterioridad, galaxias irregulares satélites de nuestra Vía Láctea.

¿Quiere ver lo mismo que yo? Si está en el hemisferio sur, vaya en diciembre a un lugar bien oscuro, lejos de las luces de la ciudad. Elija una noche sin luna, espere que se haga de noche por completo y mire hacia el sur. A la izquierda verá la cinta plateada de la Vía Láctea. Directamente hacia el sur, más cerca del cénit que del horizonte, verá la Nube Mayor de Magallanes. Un poco a la derecha y más abajo estará la Nube Menor. Trate de imaginar lo que sintieron aquellos valientes marineros que hace casi quinientos años cruzaron el Estrecho, rumbo a lo desconocido. ¿Les habrán llamado la atención esas nubes inmóviles, altas en el firmamento? Lo cierto es que Pigafetta, el secretario de la expedición, las dejó registradas en el relato que hizo a su regreso a España.

Si tiene unos buenos binoculares, contemple con ellos la Nube Mayor. Podrá ver algunas nebulosas dentro de su perímetro, lugares donde están naciendo estrellas tal como empezaba a suceder hace 13.500 millones de años. Gracias a ellas estamos aquí. ¿Por qué? Porque son ellas las que convirtieron aquel universo de hidrógeno y helio en nuestro actual universo de hidrógeno, helio y un poquito más donde estamos nosotros.

¿Sabe usted que ya una parte de los actuales átomos de nuestro cuerpo existían en aquella época? Aunque no tenemos nada de helio, sí una buena proporción de hidrógeno. ¿Cuánto? No es muy difícil de estimar, siempre que recordemos nuestras clases de química. Sabemos que nuestro cuerpo está formado en gran parte por agua. Supongamos, para simplificar, que es todo agua, o sea, H_2O.

Cada hidrógeno tiene un protón. El oxígeno, ocho protones y ocho neutrones, los que pesan casi lo mismo que los protones. La molécula de agua, por lo tanto, tiene un peso aproximado total de dieciocho protones, de los cuales solo dos corresponden al hidrógeno. O sea que no más de 1/9 de mi peso, unos 9 kg en mi caso, es primordial. El resto fue fabricado por las estrellas. El cómo es una larga historia, otro de los grandes descubrimientos de la ciencia del siglo XX.

Los reactores estelares

¿Están mis lectores cansados de tanta física? Creo que ya se dieron cuenta de que el universo es bastante improbable. Tal vez quisieran saber si la vida también lo es y, en particular, si lo es nuestra propia especie humana. Por último, algunos se preguntarán a dónde quiero llegar con todo esto. ¿Acaso pretendo sacar alguna conclusión teológica de tanta improbabilidad? Por ahora los dejo con el argumento de Santo Tomás, en tanto seguimos averiguando cómo es que los hombres aparecimos en este mundo o, para ser más específico, de dónde salieron los otros 72 kg que conforman mi humanidad.

Cuando a mediados del siglo XIX los científicos descubrieron la conservación de la energía y luego las leyes de la termodinámica, se percataron de que el Sol emitía una cantidad de energía inimaginable. La medición de la llamada constante solar, es decir, la energía que llega a la superficie de la Tierra, les dio un valor de dos calorías por cm^2 por minuto. Una caloría es el calor necesario para subir en 1 °C la temperatura de un 1 cm^3 de agua. Si eso no le dice gran cosa, piense que con un metro cuadrado iluminado de forma directa por el Sol durante una hora podría subir en 60 °C la temperatura de veinte litros de agua. Es claro que alcanza para una buena ducha, y tenga en cuenta que el techo de su casa tiene una superficie mucho mayor.

Lo que llega a la Tierra es solo una mínima parte. La energía se emite en todas direcciones y casi toda ella se pierde en el espacio. Desde el Sol, la Tierra se ve como un puntito insignificante, tal como desde la Tierra se ven los demás planetas. Si quiere calcular la magnitud total de esa energía, es tan fácil como calcular la cantidad de cm^2 que tiene la superficie de una esfera cuyo radio es la distancia de la Tierra al Sol. ¿Que no se acuerda muy bien de la fórmula de la superficie de una esfera? ¡No se preocupe! Los científicos del siglo XIX ya hicieron el cálculo y no pudieron creer la enorme cifra resultante. ¿De dónde salía tanta energía?

¿Con qué se calentaban en aquella época? ¿Con carbón? Si todo el Sol fuera de carbón ardiendo, calcularon que con ese ritmo de emisión de energía duraría tan solo unos pocos miles de años. Hasta los más retrógrados admitían que el mundo tenía mayor antigüedad. La energía química no era la explicación que buscaban.

Hacia 1850 se propuso otra teoría. El Sol podía mantener su temperatura debido al incesante bombardeo de meteoritos al que era sometido, similares a los que vemos como estrellas fugaces en las noches de verano, pero con una pequeña diferencia: la velocidad de impacto contra la Tierra es de unas pocas decenas de kilómetros por segundo, en tanto que el Sol, por su mayor masa, los atrae con velocidades cercanas a los 600 km/s. El problema de esta teoría es que el Sol estaría aumentando de masa sin cesar. Se calculó que para generar la energía necesaria debía consumir el equivalente de un planeta Tierra por siglo, lo que cambiaría de manera perceptible la duración de nuestro año.

En 1854 el alemán Helmholz propuso una teoría mejor. La fuente de energía del Sol era su propio peso a medida que se va contrayendo. ¿Cómo funciona eso? Traigo de nuevo a su consideración el inflador de su bicicleta. ¿Notó que cuando está inflando se calienta en su extremo inferior? O sea que en el interior del inflador el aire está a mayor temperatura, en tanto que por el exterior del tubo se disipa energía en forma de calor. La fuente de energía en este caso, como es natural, es su propio brazo.

Una nube de gas del tamaño de una estrella funciona de manera muy parecida. Lo que impide que su propio peso la haga colapsar sobre sí misma es la presión del gas, que es proporcional a su temperatura. Al irradiar energía, la nube pierde calor, lo que debería producir una baja de temperatura, como cualquier cuerpo que se enfría. Pero eso haría también que disminuya la presión del gas, con lo que el tamaño de la nube se achicaría, aumentando su temperatura como en el ejemplo del inflador, hasta llegar otra vez a una situación de equilibrio.

¿Cuál es la fuente de energía que permite al mismo tiempo emitir calor y subir la temperatura? En este caso no hay ningún brazo que comprima el gas, sino su propia energía gravitacional. Se da entonces la paradoja de que, a pesar de la pérdida de calor, la estrella al achicarse aumenta su temperatura.

El mecanismo propuesto por Helmholz permitía que la emisión de energía del Sol se mantuviera por una veintena de millones de años, lo que dejó felices a todo el mundo menos a los geólogos y a los biólogos. Según los primeros, los procesos que habían formado nuestra corteza terrestre requerían al menos cientos de millones de años. Lo mismo sucedía con los plazos necesarios para la evolución de las especies postulada por

Darwin algunas décadas antes. Pero sus reclamos fueron ignorados por los físicos hasta el descubrimiento de la radioactividad, al comenzar el siglo XX.

Los elementos radioactivos que forman parte de la corteza terrestre decaen en elementos estables a una velocidad conocida. Analizando la composición de las rocas en donde están presentes dichos elementos se puede determinar su edad con bastante precisión. Hacia 1920 era claro que había rocas de más de mil millones de años de antigüedad e incluso que la vida en nuestro planeta llevaba más de quinientos millones de años.

Fue justo en 1920 cuando se descubrió la solución al problema. Como parte de una investigación no directamente relacionada con el tema, se hicieron mediciones muy precisas del peso de los núcleos de los elementos más livianos. El brillante astrofísico Arthur Eddington observó que el peso de cuatro núcleos de hidrógeno excedía en un 0,7 % el peso del núcleo de helio. Su genialidad estuvo en ver qué pasaba si se convertía esa diferencia en energía, usando la conocida fórmula de Einstein: $E = mc^2$. El resultado fue que la conversión del hidrógeno del Sol en helio permitiría que este mantuviera su radiación por unos diez mil millones de años, más que suficiente para resolver aquellas discrepancias.

¿Pero es posible que cuatro núcleos de hidrógeno se encuentren simultáneamente en el mismo lugar del espacio con la energía suficiente para superar la repulsión eléctrica resultante de sus cargas positivas? En absoluto. Incluso es muy difícil que dos hidrógenos se junten para formar un núcleo de deuterio o hidrógeno pesado, que está formado por un protón y un neutrón. Con la física clásica se requerirían temperaturas muy superiores a las que hay en el interior de las estrellas, que están entre quince y veinte millones de grados. Pero con la física cuántica, que estaba siendo descubierta en esos días, había una pequeña posibilidad de que eso sucediera a dichas temperaturas.

Por fortuna era pequeña, porque si fuera mayor todo el Sol estallaría como una gigantesca bomba H y adiós planetas, libro, usted y yo. Por otra parte, si la posibilidad hubiera sido demasiado pequeña, en las estrellas nunca se iniciarían las reacciones nucleares. Su destino sería como lo había previsto Helmholz: irradiarían unos veinte o treinta millones de años para apagarse luego. El universo se vería como las luciérnagas en una noche de verano. Destellos de luz aquí y allá que durarían un instante desde el punto de vista cósmico. Solo habría hidrógeno y helio por siempre jamás.

A partir del deuterio una serie de reacciones nucleares producen núcleos de helio, generando todo este ciclo la enorme cantidad de energía que mencionábamos antes. La reacción es más rápida en el punto más caliente de la estrella, que es su centro. De manera progresiva la zona central se va quedando sin hidrógeno, por lo que la combustión se va corriendo a las áreas periféricas. Casi toda la vida de la estrella transcurre en esta etapa, manteniéndose la luminosidad más o menos constante mientras aún queda hidrógeno en su centro. Cuando este se acaba, la estrella empieza a crecer y aumentar su luminosidad. Al final, cuando solo queda helio, la temperatura aumenta mucho y el helio empieza a convertirse en elementos más pesados, pero esto lo veremos más adelante.

El principal factor que diferencia las estrellas entre sí es su masa. Cuanto mayor es la masa, mayor es la temperatura y la presión necesaria para sostener su peso. Los astros con menos del 10 % de la masa del Sol no alcanzan la temperatura mínima para comenzar las reacciones nucleares, por lo que estos no se consideran propiamente estrellas. Solo se enfrían poco a poco, tal como lo hacen nuestros planetas Júpiter y Saturno. En el otro extremo, la masa máxima de una estrella es del orden de cincuenta masas solares. Más allá la altísima presión la vuelve inestable.

La masa de la estrella es lo que condiciona la duración de su vida. Como las reacciones nucleares son muy sensibles a la temperatura, las estrellas más masivas consumen su hidrógeno en unos pocos millones de años, en tanto que las más chicas pueden durar muchas veces la edad actual del universo. Todas las estrellas con masa menor al 85 % de la del Sol viven más de 13.800 millones de años, o sea que aún están convirtiendo su hidrógeno primordial en helio. Si fuera solo por ellas, los humanos no tendríamos ninguna posibilidad de existir. Necesitamos carbono, nitrógeno, oxígeno, hierro y algunos elementos más. Los necesitamos no solo dentro de una estrella, sino en planetas parecidos al nuestro. ¿Cómo logramos eso? Veamos qué pasa con las estrellas gigantes.

Polvo eres…

«Polvo eres y al polvo volverás». Estas palabras son puestas en boca de Dios por el autor del *Génesis* en el momento en que Adán y Eva son expulsados del Paraíso. En realidad, fuimos polvo durante miles de millones de años y seremos polvo durante aún más tiempo; solo por unas pocas décadas somos algo más que polvo: hombres que pensamos y sentimos. ¿Ese pensar y sentir estará más allá del mundo material que hemos descrito en estas páginas? ¿Habrá algo de cierto en aquella otra frase que habría dicho Dios, según el *Génesis*? «Hagamos al hombre a nuestra imagen y semejanza». ¿Seremos el punto de contacto entre este universo improbable y otra realidad intangible pero absolutamente necesaria, según el criterio de Santo Tomás?

Mientras tanto, sigamos avanzando en nuestro camino desde el átomo primordial hasta las complejas moléculas que forman nuestro ser. Empezaré tratando de mostrarles de dónde salió el polvo que alguna vez fuimos. No solo eso, sino que también espero hacerles ver el polvo del que quizás en unos miles de millones de años más surja una nueva civilización en algún rincón de nuestra galaxia. Y cuando digo ver no hablo en sentido figurado, lo verán con sus propios ojos.

Estábamos viendo qué pasaba una vez que todo el hidrógeno de la estrella se había convertido en helio. ¿Es posible que, al igual que con los núcleos de hidrógeno, dos núcleos de helio choquen entre sí para formar un núcleo con cuatro protones y cuatro neutrones? Es posible, aunque se requiere muchísima más energía, con temperaturas del orden de cien millones de grados. Pero hay un pequeño problema: el núcleo así formado, Be^8 (berilio con un peso atómico de ocho), se desintegra en tres diezmilésimas de millonésima de millonésima de segundo (3×10^{-16} seg.) para formar otra vez... ¡dos núcleos de helio! Es decir, volvimos a fojas cero.

La única posibilidad de salvarnos sería que durante ese lapso infinitésimo otro núcleo de helio impactara en el berilio para formar un núcleo con seis protones y seis neutrones, C^{12}, es decir, nuestro bienamado carbono. Lamento decirles que la probabilidad de este tercer encuentro es prácticamente nula, o al menos así lo vieron los primeros físicos que estudiaron este proceso. Sin embargo, nuestra propia existencia atestiguaba que tenía que haber alguna manera de superar esta barrera.

Al final descubrieron que había una ventanita por la que podíamos colarnos, una resonancia en el C^{12}, que hace que si los núcleos de helio llegan justo con una determinada energía la probabilidad aumente en varios órdenes de magnitud. No quiero ni puedo explicarles lo que es una resonancia, pero agradezcamos su existencia a la Divina Providencia o a nuestra suerte infinita, porque de lo contrario estaríamos, literalmente, resonados.

Pero no hay que cantar victoria antes de tiempo. El núcleo de C^{12} recién formado es estable y continúa siendo bombardeado por núcleos de He^4. Usando la misma lógica, deberían combinarse para formar un núcleo con dieciséis partículas: ocho protones y ocho neutrones, que sería ni más ni menos que el oxígeno, simbolizado como O^{16}.

El problema no está ahí, sino en que todo el carbono se convertiría en oxígeno y ya sabemos que sin carbono no somos nada. Pero de nuevo un golpe de suerte permite nuestra existencia. La energía de la resonancia del O^{16} tiene un valor inferior al necesario para aquella transformación, por lo que simplemente no puede ocurrir. Todo el helio se convierte en carbono, sin que todavía aparezcan los elementos más pesados.

Hemos estado viendo qué es lo que pasa en el interior de la estrella, sin preocuparnos por cómo se ve la cosa desde afuera. Allí es donde está el verdadero espectáculo. Al subir la temperatura del núcleo de veinte a cien millones de grados, las envolturas exteriores de la estrella, aun formadas principalmente por hidrógeno y helio, se dilatan y la estrella muestra un crecimiento gigantesco, al mismo tiempo que su temperatura superficial disminuye, convirtiéndose en una gigante roja. Eso es lo que le va a pasar a nuestro Sol llegando al final de su vida. Va a crecer tanto que va a llegar hasta la órbita de la Tierra.

¿Quiere verlo de una manera más gráfica? ¿Es un día soleado? Salga al patio, vea hacia qué lado está el Sol, cúbrase un ojo con una mano, extienda su otro brazo y verifique que con el dedo meñique del brazo extendido basta para tapar el Sol. Si le da miedo hacer la experiencia con el Sol, haga lo mismo con la Luna, que se ve casi del mismo tamaño. Ahora imagínese usted, el último sobreviviente de nuestra especie, dentro de unos cinco mil millones de años. Ha logrado sobrevivir en una cabina especialmente refrigerada, porque afuera hace un calor infernal. Por sus ventanas de vidrio ahumado contempla la salida del Sol. Cuando este llega a su punto más alto, cerca del cenit, ocupa casi la totalidad del cielo. Más tarde, cuando por fin lo ve ponerse en occidente, usted emite un suspiro de alivio, pero, ¡horror!, apenas termina de ponerse, empieza a salir por el otro lado.

Si usted prefiere ver esto mismo de forma más inmediata y confortable, salga al patio en una noche de enero. ¿Es capaz de reconocer las Tres Marías en la constelación de Orión? Si no, vuélvase para adentro y siga leyendo, se ve que usted no es un físico experimental. Pero si las ve, también podrá ver que están como inscritas en un gran rectángulo de estrellas brillantes, en especial las dos que están en el extremo de una de las diagonales. Una es blanca azulada, se llama Rígel, y aún está en la etapa de fusión del hidrógeno. La otra es Betelgeuse, de color rojo intenso, que ya ha superado esta etapa y está consumiendo con voracidad su helio. Su masa es solo veinte veces la del Sol, pero si estuviera en el lugar de este, su periferia llegaría a un punto intermedio entre las órbitas de Marte y Júpiter. Si dispone de unos prismáticos, apreciará el color mucho mejor.

¿Qué pasa después? Para estrellas del tamaño del Sol, no mucho. Una vez que todo el helio se convirtió en carbono, el núcleo se empieza a enfriar. Al final, cuando ya no está en condición de aguantar la presión de su propio peso, la estrella colapsa y se convierte en una enana blanca, compactándose de tal manera que su tamaño no es mayor que el de nuestra Tierra. Quizás en el proceso se desprenda de parte de sus envolturas exteriores, pero como estas aún siguen formadas por hidrógeno y helio, nada aportan al polvo del cual naceremos.

Por fortuna este no es el comportamiento de las estrellas más pesadas. En las estrellas con al menos cuatro veces la masa del Sol la temperatura del centro puede llegar hasta unos seiscientos millones de grados. A esa temperatura los núcleos de carbono se pueden fusionar entre sí, creando núcleos más pesados, como el oxígeno y el nitrógeno, entre otros. A medida que la masa de las estrellas es mayor, nuevas combinaciones son posibles, hasta llegar, al final, al núcleo más estable de todos: el hierro (Fe^{56}).

En todos estos procesos hay generación de energía, pero para crear núcleos más pesados que el hierro se necesita aportar energía. Por eso, una vez que se llega a esta etapa, la parte central de la estrella ya no puede soportar el peso de las envolturas y colapsa. Pero el proceso no es igual al de las estrellas como el Sol, el colapso es mucho más violento, los protones y electrones del centro de la estrella se combinan para formar neutrones, provocando un enorme flujo de radiación que literalmente vuela las envolturas exteriores de la estrella.

Todo esto pasa en una fracción de segundo. Desde la Tierra vemos aparecer de repente una estrella de un brillo inimaginable, a veces aún más brillante que toda la galaxia en la que esta se aloja. Esto es lo que se llama una supernova. Desde la época de Cristo se han visto tres de estos estallidos en nuestra Vía Láctea, el último en 1604. Su brillo era tal que se podía ver durante el día. En 1987 estalló una en nuestra galaxia satélite, la Nube Mayor de Magallanes, alcanzando tal magnitud que la hacía visible con facilidad a simple vista. Fue una oportunidad única, que quizás no se repita hasta pasados algunos siglos.

La energía de la explosión también genera una avalancha de neutrones, los que al impactar de forma sucesiva a los núcleos de hierro producen en algunos instantes toda la gama de elementos más pesados que hoy se encuentran en la Tierra. Aunque, en general, estos no se encuentran en cantidad importante en nuestro cuerpo, son bastante indispensables para nuestro modo de vida. El cobre, el níquel, el plomo, la plata y el codiciado oro son algunos de ellos.

Después de la explosión donde estaba la estrella queda una bola con aproximadamente una masa solar y un radio de unos pocos kilómetros, lo que se denomina una estrella de neutrones. El resto sale disparado al espacio, una mezcolanza de todos los elementos químicos, desde el omnipresente hidrógeno hasta los más pesados que se encuentran hoy en la naturaleza, como el uranio y el torio. Sus combinaciones forman moléculas de distintas características, muchas de las cuales se aglutinan en pequeñas partículas que forman el polvo interestelar.

Gracias, entonces, a las supernovas el universo ya no es tan solo hidrógeno y helio. A medida que hay más explosiones de este tipo aumenta la proporción de los otros elementos en el espacio interestelar. Pero no crean que esta proporción es muy alta. Cuando se formó el Sol, más de ocho mil millones de años después del Big Bang, esa proporción apenas alcanzaba al 1 %, tal como aún se ve hoy en su superficie. Pero de esa minúscula proporción se formaron los planetas llamados terrestres: Mercurio, Venus, la Tierra y Marte, todos los asteroides y satélites del sistema solar y también los cometas.

Ese 1 % se encuentra en el espacio en forma de gas, mezclado con el hidrógeno y el helio, y de polvo. El gas en general es invisible, a menos que esté cerca de una estrella, en cuyo caso su radiación lo hace luminoso, en forma similar a un tubo de luz fluorescente. Eso se aprecia muy bien cuando un cometa se acerca al Sol. La nieve sucia de la que está compuesto se evapora y forma dos colas, una de gas, que brilla por esa causa, la otra de polvo, que se ve por reflexión de la luz del Sol.

Pero no vamos a esperar a que venga un cometa para ver el polvo con nuestros propios ojos. El polvo que abunda en nuestro sistema solar, no solo en nuestras ciudades y casas, se puede ver como luz zodiacal. Este término no proviene de ningún culto *New Age*, sino que fue acuñado hace siglos para referirse a un tenue huso luminoso de forma alargada que en una noche muy oscura se puede ver después de que desaparecen las últimas luces del crepúsculo o antes de que comience la alborada.

El eje del huso no es vertical, sino que aparece inclinado en la dirección de la eclíptica, el camino en el cielo por el que circulan el sol, la luna, los planetas y los sueños de todos los ingenuos que creen en la astrología. Parte de ese polvo está allí desde la formación del sistema solar; seguramente el resto se ha formado como resultado de los múltiples choques mutuos de los asteroides a lo largo de estos miles de millones de años.

Pero este polvo es tan poco que no alcanza ni para formar un asteroide. Si queremos ver el polvo en gran escala del que se formarán nuevos planetas como el nuestro deberemos salir de la ciudad en una fría noche de invierno, apagar todas las luces, esperar que se acostumbre la vista a la oscuridad y levantar los ojos al cielo. Si está en el hemisferio sur verá un espectáculo maravilloso; de lo contrario espere seis meses y hágase un viajecito al norte de Chile para poder contemplarlo.

¿Qué es lo que vamos a ver? Nuestra galaxia es un disco de relativamente poco espesor que gira alrededor de un centro de forma esferoidal. El Sol está en la periferia del disco, cerca del plano central del mismo. El polvo también se concentra en dicho plano, aunque en realidad no lo vemos como tal sino como manchas oscuras sobre el fondo de las estrellas de la Vía Láctea. Si quieren tener una idea aproximada de cómo se vería de canto nuestra galaxia desde el espacio intergaláctico, busquen en Google con la clave NGC 891.

Pero les aseguro que el espectáculo no tiene comparación con una foto de computador, porque al salir a la oscuridad lo que ustedes verán es la Vía Láctea que se extiende de un horizonte al otro pasando por el medio del cielo. En su punto más alto está el centro de la galaxia, por lo que en esa zona la faja luminosa se ve más ancha, debido a que alcanzamos a ver algo del núcleo esferoidal que se asoma por arriba y por abajo.

La misma Vía Láctea parece como que se bifurca en algunos sectores, al ser dividida por zonas más oscuras que hasta principios del siglo XX se pensaba que eran como ventanas al espacio exterior. En realidad, esas zonas son enormes nubes de polvo que impiden el paso de la luz que viene de más allá. Una nube bastante opaca se puede ver al costado de la Cruz del Sur, la que podrán divisar en dirección surponiente. Fue llamada por los europeos Saco de Carbón, pero ya había sido reconocida por los aborígenes australianos en cuya mitología jugaba un importante papel.

Después de este breve y frío paseo por la galaxia es seguro que queramos saber qué pasa después. En particular, qué fue lo que pasó cuando el universo cumplía unos nueve mil millones de años de edad, cuando por fin se hizo la luz para nosotros y se inició el camino que dio paso a nuestra improbable existencia.

¡Tierra a la vista!

Los he hecho dar vueltas y vueltas por el universo y probablemente, como los marineros de Colón, ya estén un poco cansados. No se preocupen. Ya estamos cerca. Precisamente en aquel momento de nuestra historia, en alguna parte de la Vía Láctea había una nube de gas y polvo que, por efecto de la turbulencia, era más densa que el resto, habiendo superado el valor crítico en que el propio peso supera a la presión del gas dentro de la nube.

Cuando eso sucede, la nube empieza a colapsar sobre sí misma, disminuyendo su tamaño y aumentando su densidad y temperatura al mismo tiempo. El polvo de la nube se concentra en la misma proporción y la nube se hace opaca, por lo que la podemos ver proyectada sobre el fondo luminoso de la galaxia. Se ven como pequeños glóbulos negros en las fotografías tomadas en los grandes telescopios, copias a pequeña escala del enorme Saco de Carbón. Cada una de ellas contiene materia suficiente para engendrar muchas estrellas y, afortunadamente, también planetas. Es lo que veremos ahora.

A medida que la nube colapsa se forman como grumos en la nube, más densos, cada uno de los cuales terminará formando un sistema estelar, compuesto a veces por una y a veces por más de una estrella, con sus respectivos séquitos de planetas y cuerpos menores. Las primeras estrellas que se forman, especialmente si son muy masivas y luminosas, generan una radiación tan intensa que finalmente disipan los restos de la nube y el proceso se interrumpe. La nube ya no es oscura sino muy brillante.

Un ejemplo de esto lo tenemos en la gran nebulosa de Orión, la que podremos observar directamente si es que pasamos la prueba anterior de encontrar las Tres Marías, las que representan el cinturón del gigante. Este se ve en posición erecta desde el hemisferio norte e invertida desde el sur. Un poco por debajo del cinturón (arriba en el hemisferio sur), hay como una línea de estrellitas que forman la vaina de la espada, en medio de las cuales está nuestra nebulosa. Con un buen par de prismáticos alcanzaremos a ver en su interior un grupo de estrellas recién nacidas, por así decirlo, cuya luz ultravioleta excita el gas de la nebulosa al igual que la electricidad lo hace con nuestros tubos fluorescentes.

En una nube semejante nació nuestro Sol, junto con otras estrellas hermanas o primas que hoy andan dispersas por nuestra galaxia. Es que desde su nacimiento ya ha dado unas veinte vueltas alrededor de su centro, por lo que, al igual que en la vida, las relaciones de parentesco se han ido diluyendo. Sin embargo, no siempre fue así. En sus primeros años de vida seguramente el Sol estuvo rodeado de una constelación de estrellas, cada una quizás tan brillante como la Luna llena. Un espectáculo maravilloso para el común de los mortales y nefasto para los hipotéticos astrónomos de aquella época, ya que incluso hoy una sola Luna llena molesta tanto como la iluminación de nuestras grandes ciudades.

¿Conoce usted las Pléyades? ¿Que quiénes son esas? También son conocidas como las Siete Cabritas o, según mi madre, Cabretillas, seguramente un dicho tucumano. ¿No recuerda haberlas visto en ninguna parte, ni siquiera en un programa de farándula? Pues no, señor. Se trata de un grupito de estrellas muy característico que está en la constelación del Toro. Si ya ha logrado identificar a las Tres Marías, abajo y a la izquierda verá una estrella rojiza, Aldebarán, otra gigante como Betelgeuse.

Si sigue en la misma dirección verá como una nubecita, pero mire mejor. Si tiene buena vista se dará cuenta de que en realidad es un cúmulo de estrellitas muy apiñadas. Lejos de la ciudad debería ver seis y, con muy buena vista, siete. Todas estas instrucciones son si usted está en el hemisferio Sur, a comienzos de verano. Si está en el hemisferio norte, entonces es todo al revés, o quizás los que estamos al revés somos nosotros. Es que en este universo improbable todo puede suceder.

¿Qué tienen que ver las Pléyades con nuestra historia? Pues que seguramente así se vería el Sol y su parentela unas pocas decenas de millones de años después de su nacimiento. En las fotografías de las Pléyades aún se divisan los pañales que las envolvieron de niñas, es decir restos de la nube de gas y polvo de la cual nacieron. Las estrellas se van separando entre sí y quizás en dos o tres vueltas más a la galaxia el grupo ya no sea reconocible.

Como les decía antes, los sistemas estelares al nacer pueden estar formados por una o más estrellas. Una gran parte de las que se observan con los telescopios son dobles, habiendo también triples y en algunos casos hasta séxtuples. Tuvimos suerte de que el Sol fuera medio huraño y no quisiera compañía, porque los planetas presentes en los sistemas múltiples suelen tener órbitas inestables y pueden terminar lanzados al espacio exterior o devorados por una de las estrellas.

A medida que la nubecita que dará origen a nuestro sistema se va condensando, gira cada vez más rápido, al igual como cuando las bailarinas clásicas juntan los brazos para acelerar su rotación. Debido a esto la fuerza centrífuga hace que parte de la materia no caiga hacia la futura estrella sino que permanezca como un disco achatado que gira a su alrededor. En este disco también se producen condensaciones de menor magnitud.

Estas condensaciones van creciendo a medida que capturan a otras condensaciones más pequeñas, por lo que al cabo de un tiempo relativamente breve quedan unas pocas que giran en órbitas separadas a distintas distancias de la condensación central. Esta última, a medida que aumenta su densidad y temperatura empieza a brillar, convirtiéndose en una estrella. Inicialmente la energía que emite proviene de su propia atracción gravitacional, como había postulado Helmholz, hasta que finalmente se encienden los reactores nucleares de su interior y comienza una larga etapa de su vida en que el brillo se mantiene casi constante.

Las condensaciones menores son, naturalmente, los futuros planetas. En nuestro sistema los más cercanos al Sol son pequeños y rocosos, debido a que el calor emitido por la estrella central impide la condensación del hidrógeno y helio que constituyen el 99 % del material de la nube. Nuestros planetas se forman a partir del 1 % restante, más el poco de hidrógeno que ha logrado combinarse con elementos más pesados, formando principalmente agua, amoníaco o metano. Los planetas más lejanos, en cambio, conservan gran parte de su hidrógeno y helio, por lo que sus superficies son gaseosas, muy poco propicias a la vida como la conocemos. Son como minúsculos sistemas solares, con sus satélites mayores cumpliendo el mismo papel que los planetas en torno al Sol.

De los cuatro planetas interiores, Mercurio perdió con rapidez su atmósfera a causa de su cercanía al Sol y su poca masa. Venus, en cambio, desarrolló una atmósfera mucho más densa que la de la Tierra, formada en su mayoría por anhídrido carbónico. Este gas es uno de los principales causantes del efecto invernadero, haciendo que la temperatura en la superficie del planeta alcance muchos cientos de grados, lo que, obvio, impide la existencia de las complejas moléculas orgánicas que sustentan la vida. Solo en la Tierra y Marte hay temperaturas aceptables para esta, aunque este último ya no tiene posibilidad de tener agua líquida en su superficie debido a que ha perdido gran parte de su atmósfera por ser mucho menor que la Tierra.

En medio de tantas improbabilidades, al fin nos encontramos con algo más o menos probable: de los nueve planetas, uno y quizás dos tienen o tuvieron condiciones para la vida. También es posible que se den en algunos de los satélites de Júpiter o Saturno, aunque sería muy distinta a la que conocemos. Como casi todos los sistemas estelares tienen planetas, es seguro que hay muchísimos lugares en el universo con condiciones similares. Sin embargo, dado que hemos hallado vida en un solo planeta, no nos es posible estimar la probabilidad de que, dadas esas condiciones, surja efectivamente la vida en ellos.

Nuestro planeta tuvo que pasar por algunas vicisitudes adicionales antes de poder convertirse en nuestro futuro hogar. Por suerte se originó en una nube que tenía un movimiento de rotación mucho más rápido que el de Venus. Como resultado, hoy tenemos un día de solo veinticuatro horas, con lo que la diferencia de temperatura entre el día y la noche no es excesiva.

Pero este no es el único efecto positivo. Gracias a la rápida rotación la Tierra tiene una importante compañía; fue aquella la que ayudó al desprendimiento de nuestra Luna, quizás como consecuencia de un impacto con otro cuerpo de tamaño planetario. Su gran tamaño relativo permite estabilizar el eje de rotación de la Tierra, porque de no ser así podría llegarse a la situación de que un hemisferio completo quedara en la oscuridad durante seis meses mientras el otro se calcinaría durante el mismo período bajo los rayos del Sol. También la rápida rotación genera corrientes eléctricas en el núcleo de hierro, dando origen al campo magnético que nos protege del bombardeo de los rayos cósmicos y partículas emitidas por el Sol, que destrozarían nuestro ADN y harían imposible la evolución.

En los primeros cientos de millones de años de su historia, la Tierra también fue bombardeada por meteoritos, los que dieron origen a enormes cráteres como los que hoy se ven en la Luna. También se encuentran en gran número en los demás planetas rocosos, incluso en Venus, pese a la protección de su atmósfera mucho más densa que la nuestra.

¿Por qué la Tierra no ha conservado esas cicatrices? Es que en nuestro planeta la corteza se está renovando de constantemente. Las placas tectónicas sobre las que están montados nuestros continentes no solo se desplazan, sino que donde chocan se sumergen unas bajo las otras, produciéndose una renovación permanente del material de la corteza con el del interior. Según algunos científicos esto es indispensable para la vida, ya que evita el agotamiento de algunos constituyentes necesarios para su desarrollo. La falta de estas placas en Venus, a causa de su lento movimiento de rotación, sería la causa determinante del exceso de anhídrido carbónico en su atmósfera y de sus altas temperaturas superficiales.

Para que el mecanismo de las placas funcione es necesario que el material debajo de ellas tenga cierta fluidez, causada por una elevación de su temperatura. Esto ocurre porque la Tierra tiene una fuente de calor independiente del que le entrega el Sol, el que solo afecta a su superficie. Esa fuente son los elementos radiactivos como el uranio y el torio, que venían en la nebulosa de la que se originó nuestro planeta. Estos elementos se habían formado en la explosión de las supernovas que contaminaron la nebulosa de la cual se formó nuestro sistema, quién sabe cuántos miles de millones de años antes de su formación. Estas estrellas vendrían a ser, en cierto sentido, nuestras abuelas.

En resumen, nuestra Tierra es bastante especial después de todo.

El principio antrópico

Ya llevamos hablando del universo muchos capítulos, quizás demasiados. Tan solo en el primero los protagonistas éramos los seres humanos. En los demás aparecíamos solo como telón de fondo, cada vez que se destacaba que esto o aquello era necesario para nuestra futura existencia. Si usted captó el mensaje, le habrá quedado claro que la existencia de la humanidad no pendió de un hilo, sino de innumerables hilos a lo largo de esta historia del universo. Nos ganamos el premio mayor de la lotería no una, sino incontables veces. ¿Cómo es posible, entonces, que siendo tan improbables existamos? Este es un gran misterio que, si bien no fue resuelto, al menos fue expresado con claridad en el llamado principio antrópico.

Este fue enunciado por primera vez en 1974 por el físico Brandon Carter. Básicamente lo que dice es que nuestro universo tiene que ser tal que permita que en él haya vida inteligente. Otros fueron más allá y dijeron que el universo existe para que haya vida inteligente. La primera definición es una tautología, en el sentido de que ni yo pudiera estar escribiendo este libro ni ustedes leyéndolo si no se diera esa condición.

Se parece a lo que planteábamos en el primer capítulo. ¿Aún se acuerdan de él? Los padres que se conocían por casualidad, la loca carrera de espermatozoides y todo eso. Lo improbable de nuestra existencia se convierte en certeza desde el momento en que existimos. Algo válido tanto para nosotros como para toda la humanidad. Suena como algo salido de la mecánica cuántica. Mejor dejémoslo ahí.

En cuanto a la segunda definición, según la cual la humanidad es el motivo de la existencia del universo, no es fácil de fundamentar. Podría extenderse el argumento a nuestra propia persona. ¿Había universo antes de que yo naciera? ¿Existe algo si yo no existo? La verdad es que no estoy capacitado para responder ninguna de esas preguntas y prefiero quedarme con el argumento de Santo Tomás, que dice que tiene que haber algo cuya existencia sea necesaria, porque sin ello nada existiría.

De una u otra forma, el principio antrópico representa un cambio radical en nuestra visión del universo. En capítulos anteriores fuimos viendo cómo primero la Tierra, después el Sol y finalmente nuestra Vía Láctea dejaban de ser el centro del mundo. Vimos cómo el hombre pasaba de dueño de la creación a ser una especie más de uno de los planetas de una estrella cualquiera de una galaxia de tantas.

Ahora resulta que es la existencia del hombre la que determina el valor preciso de cada una de las constantes de la física con la que está hecho nuestro universo. Incluso se pueden hacer predicciones basadas es este principio. ¿Recuerdan la resonancia del carbono, gracias a la cual era factible que tres átomos de helio se fusionaran y así posibilitaran la creación de los elementos más pesados? Esta resonancia fue anticipada por los físicos únicamente por consideraciones antrópicas, solo después fue observada en el laboratorio.

Como es natural, esta visión antrópica del mundo generó resistencias no solo entre los hombres de ciencia, sino también en ambientes más amplios. El universo hecho a la medida del hombre se parece mucho a la concepción de las religiones monoteístas, en donde el hombre es el centro de la creación. Se desvirtúa todo el camino que a partir de Copérnico había logrado relegar al hombre a ser un simple accidente del proceso evolutivo.

Para los grupos ecologistas extremos, que consideran al hombre como una especie de cáncer de la naturaleza y que a veces parece que estarían más felices si este se extinguiera, es inaceptable que ahora les digan que gracias a que hay hombre, se sabe que hay universo.

Algunos físicos, enfrentados a la tremenda improbabilidad de que un universo tenga las características necesarias para que en él se desarrolle vida inteligente, idearon lo que ellos creyeron que era una solución. Ya que la probabilidad es tan baja, casi infinitesimal, imaginemos que no existe un solo universo sino muchísimos, casi infinitos. De esa forma alguno o algunos de ellos tendrán las condiciones para la vida, entre los cuales, claro está, se encontrará el nuestro.

Todos estos universos nacerían a partir de fluctuaciones estadísticas del vacío. ¿Cómo? ¿La nada tiene fluctuaciones estadísticas? Es que no es una nada cualquiera, sino una nada con propiedades cuánticas. ¿Y eso qué es? Es difícil de explicar, pero así es como funciona el vacío del universo donde vivimos, en el que permanentemente están apareciendo y desapareciendo partículas virtuales; eso sí, del tamaño de partículas subatómicas. No hay peligro de que de pronto aparezca en su dormitorio un universo entero, a lo más un protón virtual que enseguida se esfumaría sin dejar rastros.

¿Pero de dónde salió este vacío tan especial? Porque una nada que tiene propiedades no es nada sino algo, algo que o existió desde siempre o tiene que haberse originado de alguna manera. De nuevo volvemos al argumento de Santo Tomás.

¿Estos otros universos se pueden detectar? Hasta ahora no hay evidencia de ellos ni es claro que haya forma de observarlos. Como les decía antes, la fe es un ingrediente indispensable de la ciencia moderna.

Retomemos el hilo de nuestros pensamientos. Una vez que tenemos un planeta como la Tierra, ¿bastará con ello para que tengamos vida inteligente?

No se conoce la probabilidad de la generación de la vida, ya que no se ha podido reproducir en el laboratorio. Mucho menos la de que esa vida evolucione a formas inteligentes. Sabemos que es posible porque nuestra propia existencia lo demuestra. Pero si la probabilidad fuera tan baja como para que solo un planeta en el universo tuviera vida inteligente, ese planeta tendría que ser el nuestro.

Estamos en la situación del que analiza las estadísticas de una población contando con la muestra de un solo individuo, la que por definición tiene que dar positiva. ¿Qué conclusiones podríamos sacar de eso? Es como si entrevistáramos a motociclistas para ver la probabilidad de morir en un accidente en moto. ¡Encontraríamos que todos están vivos!

En lo que sigue trataremos de seguir el desarrollo de la vida sobre nuestro planeta, lo que quizás nos permita distinguir entre una evolución puramente al azar o si estamos otra vez en una aplicación del principio antrópico. En otras palabras, encontrar pistas sobre el grado de probabilidad o improbabilidad de que aparezca vida inteligente en un plazo no mayor a seis mil millones de años, que es aproximadamente el tiempo en que nuestro planeta tendrá condiciones de habitabilidad.

¡Hay vida en el universo!

Por fin podemos decir que cuando el universo cumplió 10.000 millones de años había al menos un planeta, el nuestro, capaz de albergar la vida. ¿Cómo se originó esta? Dado que el proceso no se ha podido reproducir en el laboratorio, por ahora solo tenemos suposiciones. La idea es que, en un medio acuoso rico en moléculas orgánicas, quizás cercano a alguna fuente de calor en el fondo del mar, se formaban moléculas cada vez más complejas, hasta que finalmente alguna de ellas alcanzó la capacidad de generar réplicas de sí misma. A partir de allí se fueron produciendo variantes ocasionales en las mismas réplicas, seleccionándose las que tenían más capacidad para sobrevivir y reproducirse.

Contado así parece muy fácil, pero en la realidad no lo es tanto. ¿Por qué no se ha podido reproducir en el laboratorio? Porque a este le falta un ingrediente muy difícil de conseguir, pese a todos los adelantos de la ciencia moderna. ¡Le faltan millones de años! El investigador está en una situación mucho peor que la famosa búsqueda del eslabón perdido, especie intermedia entre el mono y el hombre. En su caso no es un eslabón lo que falta, sino toda una cadena completa.

Con el perdón de los lectores, debo confesar que hay bastante parecido entre los monos y nosotros, pero entre las moléculas orgánicas de las que se formó la vida y el organismo vivo más simple que se haya descubierto no hay la menor similitud. Es más o menos la misma relación que hay entre los chips de silicio y la computadora en la que estoy escribiendo estas líneas.

Se han encontrado huellas de estos primitivos organismos en rocas de hasta 3.500 millones de años de antigüedad. Sus colonias han dejado en ellas marcas en forma de estrías, llamadas estromatolitos. Fueron prácticamente los únicos habitantes del planeta hasta hace unos 700 millones de años. Eran organismos unicelulares, inicialmente sin núcleo y sin membrana exterior.

Se supone que aún no tenían ADN (ácido desoxirribonucleico), la doble hélice que transmite la información genética a la posteridad, sino una versión más básica, el ARN (ácido ribonucleico) que forma una hélice simple menos estable que el ADN. Parece increíble que toda la vida, incluyendo la nuestra, dependa de la posibilidad de que se formen esas famosas hélices.

Tampoco sabemos si la vida se originó una sola vez, a partir de una única primera célula de la que todos descendemos, o si tuvo varios orígenes independientes en distintos lugares del planeta. Apoya la primera alternativa el que solo conozcamos vida basada en dichas hélices y, tal como dijimos en un capítulo anterior, todos los aminoácidos que la componen sean levógiros, no habiendo ningún motivo conocido para que no exista una vida simétrica con aminoácidos dextrógiros. Si la vida sobre la Tierra se inició una sola vez en ese período inicial de cientos de millones de años, eso significaría que la generación de la vida es extremadamente improbable, uniéndose esto a la ya larga cadena de improbabilidades que venimos relatando.

Retomemos nuestra historia. Había distintas clases de aquellos microorganismos. Una de ellas, las cyanobacterias, eran una especie de algas unicelulares que tenían la capacidad de absorber energía solar para convertir el anhídrido carbónico de la atmósfera en oxígeno. Este gas no estaba presente en la atmósfera primitiva, debido a su facilidad para combinarse con casi todos los demás elementos. El principal componente de la atmósfera era justamente el anhídrido carbónico.

¡Pero cómo! ¿No habíamos dicho que el efecto invernadero de este gas es el que había convertido a Venus en un infierno? Correcto, pero resulta que el Sol en aquella época emitía solo el 70 % de la radiación actual, por lo que sin dicho efecto toda el agua hubiera estado congelada y no se habrían dado las condiciones para la vida. Todo se conjuga para que podamos estar leyendo este libro. ¿Alguno recuerda aquella frase pesimista del comienzo del libro del Eclesiastés? «¡Vanidad de vanidades, todo es vanidad!» Si el autor hubiera vivido en este siglo, tal vez hubiera dicho: «¡Casualidad de casualidades, todo es casualidad!».

Estos organismos primitivos fueron la única forma de vida sobre nuestro planeta durante un período de 2.500 millones de años. Hace unos 1000 millones de años empezaron a aparecer células más complejas, con un núcleo bien diferenciado y finalmente, hace 700 millones de años empezaron a aparecer vegetales y animales multicelulares muy primitivos, del estilo de las actuales algas y medusas. Los científicos han nombrado a este período como la Era Arcaica, la que comprende desde el inicio hasta hace 570 millones de años, comprendiendo ese período el 88 % de la edad de nuestra Tierra. Empezamos a ver aquí el tema de la llamada aceleración de la historia. Todo sucede cada vez más rápido y hoy vemos cambios mayores durante nuestra propia vida que todo lo ocurrido en milenios de historia de la humanidad.

¿Qué fue lo que sucedió hace 570 millones de años para que los científicos pensaran que había comenzado una nueva era? Hubo una explosión de nuevas formas de vida, apareciendo por primera vez las partes duras en algunos organismos, como esqueletos y caparazones. Se pueden imaginar que esto fue una bendición para los paleontólogos, ya que por primera vez tuvieron en sus manos algo de los mismos organismos que vivieron en aquella época y no tan solo las marcas que estos habían dejado en las rocas, como en los períodos anteriores.

Afortunadamente para los lectores, soy aficionado a la astronomía (¿ya se habían dado cuenta?) pero no a la paleontología, por lo que no hay peligro de que los envíe con palas y picos a las montañas cercanas a buscar conchas de aquellas remotas épocas. Por lo menos yo no lo hice nunca y me conformo con creerle a Darwin y a todos sus congéneres que han descubierto estas cosas.

Los científicos llamaron al período iniciado entonces la Era Paleozoica, del griego παλαιός, antiguo, y ζῶη, vida. Duró hasta hace unos 250 millones de años, y fue dividida por los científicos en seis períodos con curiosos nombres: Cámbrico, Ordovícico, Silúrico, Devónico, Carbonífero y Pérmico. Durante la primera parte de esta era la vida habitaba casi exclusivamente en los océanos. Hubo una gran extinción masiva a fines del Ordovícico, a continuación de la cual aparecieron los peces y la vida empezó a extenderse por la tierra firme. En el Carbonífero los continentes se cubrieron de selvas impenetrables que al descomponerse dieron origen a nuestras actuales reservas de carbón y petróleo. Se necesitaron 70 millones de años para generar los combustibles fósiles que la humanidad agotará en unos pocos siglos.

El Pérmico tuvo fin en un nuevo episodio de extinción masiva, que da inicio a la Era Mesozoica (μέσος, medio), la era de los dinosaurios. Se divide en los períodos Triásico, Jurásico y Cretácico. En el primero de esos períodos se multiplicaron los reptiles, tanto acuáticos como terrestres, apareciendo también los dinosaurios y, ¡por fin!, los primeros mamíferos, animales muy chicos que solo sobrevivían gracias a su pequeñez. En el Jurásico es cuando se desarrollan los grandes dinosaurios que hemos visto tantas veces en museos y películas. Su reinado triunfal continúa durante el Cretácico hasta que repentinamente, hace tan solo 66 millones de años, ¡la ira de Dios!

Por lo menos así lo hubieran denominado la mayoría de los humanos hasta hace un par de siglos. Un enorme meteorito cae en el Yucatán. Los cielos se cubren de cenizas durante varios años, la tierra se enfría, la vegetación se enrarece, los dinosaurios mueren por falta de alimentación y solo sobreviven los peces, los reptiles, las aves y, afortunadamente, los pequeños mamíferos.

Esta benéfica catástrofe da inicio a la Era Cenozoica (καινός, reciente) que tradicionalmente se dividía en dos períodos, el Terciario y el Cuaternario. En esta Era los continentes llegan a las posiciones actuales, nacen las grandes cadenas montañosas y aparecen las plantas modernas con flores, las fanerógamas, si es que se acuerdan de las clases de Botánica del colegio. Pero lo más importante para nosotros que se desarrollan los grandes mamíferos, ocupando los espacios que dejaron libres los dinosaurios.

El antiguo Terciario hoy ha sido reemplazado por los períodos Paleógeno y Neógeno, que comprenden 43 y 20 millones de años, respectivamente. El Cuaternario, en el que vivimos hoy, se inició hace un poco menos de 3 millones de años y se caracteriza por el comienzo de las eras glaciales. Es en este último período en que aparecen los homínidos que finalmente evolucionaron hasta convertirse en seres inteligentes, capaces de entender y quizás de ser la justificación de los 13.800 millones de años transcurridos desde el Big Bang.

¿Qué conclusiones podemos sacar de este brevísimo recorrido por la historia de la vida sobre nuestro planeta? Ya mencionamos antes que es difícil de estimar la probabilidad de la generación espontánea de la vida primitiva a partir de moléculas orgánicas simples. Pero el hecho de que durante 2.500 millones de años esa haya sido la única forma existente de vida muestra que la evolución a organismos más complejos es extremadamente improbable.

Algunos piensan que esta evolución ulterior fue consecuencia de una catástrofe global que extinguió casi toda la vida sobre el planeta. La causa habría sido que al disminuir la cantidad de anhídrido carbónico en la atmósfera por la fotosíntesis de las algas primitivas, la Tierra se enfrió tanto que se congeló la superficie de todos los océanos. Como el hielo blanco refleja el calor solar de forma más eficiente que las aguas, se produjo una reacción en cadena donde estas se fueron congelando progresivamente hasta el mismo fondo. Las únicas formas de vida que habrían subsistido lo hicieron justamente en aquellos lugares del fondo del océano donde escapaba algo del calor del interior, similares a las extrañas formas de vida que se han descubierto en el centro del Atlántico donde está surgiendo el material que separa progresivamente el Nuevo Mundo del Viejo.

Tenemos aquí un ejemplo de cómo la vida, las algas primitivas, pueden ser causa de la extinción de la vida. Lo mismo que estamos viendo hoy con temas como el calentamiento global, ya habría sucedido hace 700 millones de años.

¿Pero cómo fue que resurgió la vida en aquel entonces? Es que no todo estaba muerto. La Madre Tierra aún vivía, con sus fuentes de calor interno. Los volcanes seguían activos, incluso más que en la actualidad. Entre los gases que emitían, estaban los del efecto invernadero, el anhídrido carbónico y el metano. Como ya no había algas ni tampoco océanos líquidos donde estos se pudieran disolver, se acumularon en la atmósfera, la temperatura subió, los hielos se derritieron y la vida reapareció con mucha más fuerza que antes.

¿Qué otra conclusión podemos sacar? Está claro que una vez que aparecen los organismos complejos su evolución a otras múltiples formas es inevitable. Lo que no se ve tan claro es que tengan que evolucionar hacia formas de vida inteligentes. Los moluscos llevan más de 500 millones de años y lo más inteligente que han producido sería el pulpo, que aunque en un Mundial mostró algunas habilidades especiales relacionadas con el fútbol, no parece ir mucho más allá que eso. Entre los insectos, existen inteligencias que podríamos llamar colectivas entre las abejas y las hormigas, resultados admirables de la evolución pero que difícilmente llamarían la atención a un alienígena que llegara a la Tierra, como para que intentara establecer contacto con sus colonias.

¿Qué diremos de los peces, los anfibios y los reptiles? ¡Tantos cientos de millones de años sin producir nada medianamente inteligente! Muy hábiles para alimentarse y para reproducirse, pero ninguna capacidad de pensamiento abstracto, nulo talento artístico, mínima capacidad de fabricar y usar herramientas. En cuanto a los dinosaurios, que reinaron durante casi 200 millones de años, fueron los únicos que no pudieron impedir su extinción ante el cambio de condiciones causado por el meteorito.

Sus descendientes, las aves, no lo han hecho mejor. La expresión cabeza de pollo ciertamente no le rinde homenaje a sus capacidades intelectuales.

Si vemos a los mamíferos, con una honrosa excepción tampoco han ido demasiado lejos. Durante más de 60 millones de años fueron los amos del planeta, produciendo bestias enormes como las ballenas, orcas, elefantes o hipopótamos, pero entre los mamíferos acuáticos solo los delfines parecen tener una pizca de inteligencia, mientras que entre los terrestres solo nosotros los hombres, desde tan solo algunos cientos de miles a años atrás.

Resumiendo, parecería que si generación de la vida es improbable, la vida compleja y la aparición de la inteligencia son mucho más improbables aún.

El origen del hombre

Hasta fines del siglo XVIII se creía que las especies animales habían sido creadas tal como son en la actualidad. Cuando se desenterraban huesos de especies que ya no existían, se suponía que habían perecido durante el famoso diluvio del Antiguo Testamento, al no haber encontrado sitio en el Arca de Noé. Se referían a ellos como los animales antediluvianos.

Cuando el naturalista Lamarck publicó en 1809 su teoría de que las especies tenían una tendencia natural a evolucionar hacia formas más complejas, encontró muy poco eco entre sus colegas. Esto se debió, por un lado, a que los tiempos aún no estaban preparados para una idea tan revolucionaria y, por el otro lado, a que las causas que él dio para la evolución no habían podido ser comprobadas de forma experimental. Estas eran, en primer lugar, el desarrollo progresivo de las funciones más usadas del organismo, junto con la eliminación de las menos usadas. En segundo lugar, la creencia de que los caracteres adquiridos por influencias ambientales se transmitían a las generaciones siguientes.

Muy distinto fue el efecto de la publicación en 1859 de *El origen de las especies*, por el inglés Charles Darwin. En él se recogían sus observaciones durante su viaje por los mares del Sur en el *Beagle* entre 1831 y 1836, mostrando de manera muy documentada cómo aparecían variaciones en las especies por efecto de la selección natural. Los individuos con características más favorables para el ambiente en que viven tienen mayor probabilidad de sobrevivir y reproducirse, a diferencia de los que tienen características menos favorables. Poco a poco las especies se van diferenciando en función de los distintos ambientes hasta que se convierten en especies diferentes.

Esta obra produjo un terremoto en el ambiente cultural europeo, parecido al que había ocasionado Galileo en 1610 al relatar sus primeras experiencias con el telescopio. Por lo pronto, su primera edición se agotó en veinticuatro horas. Su efecto no se limitó al círculo de los hombres de ciencia, sino que causó impacto en toda la gente ilustrada de aquella época.

Ayudó a su difusión el inmediato rechazo de muchos eclesiásticos que consideraban que la teoría no era compatible con las enseñanzas del *Génesis*. La Iglesia Católica mantuvo una posición ambigua y esta vez no incluyó el libro en el famoso *Índex* de libros de lectura prohibida para los fieles católicos, tal como había hecho en el pasado con las obras de Copérnico y Galileo. Su actitud fue más prudente que la de muchas congregaciones protestantes, algunas de las cuales hasta el día de hoy se niegan a enseñar la teoría de la evolución en sus escuelas.

Es curioso que la teoría de la evolución de las especies no se haya presentado antes en la historia de la humanidad. Los antiguos sabían perfectamente que todos los mamíferos tienen los mismos huesos y órganos internos, aunque de distintos tamaños y formas. Con los peces, anfibios, reptiles y aves compartimos la columna vertebral, el cráneo y las extremidades superiores e inferiores, aunque estas se hayan transformado en aletas o alas para desplazarse en su medio. ¿Cómo no se les ocurrió que eso no podía ser casualidad? Sin embargo, ni un experto zoólogo como Aristóteles ni un completo materialista como Epicuro siquiera insinuaron que unas especies pudieran mudarse paulatinamente en otras.

Aquel primer libro de Darwin no hacía referencias explícitas al hombre como producto de la evolución, aunque esto pudiera inferirse de las reglas generales incluidas en la obra. Pero doce años más tarde Darwin publicó un nuevo libro titulado *El origen del hombre,* en inglés *The Descent of Man,* que presentaba al hombre como descendiente de un antepasado común con los primates. Su argumentación era tratar de mostrar que las características propias del hombre civilizado, tales como la capacidad de pensamiento abstracto, la contemplación de la belleza, el lenguaje o la religiosidad, estaban presentes en menor medida en los pueblos primitivos e incluso de manera embrionaria en los animales superiores.

Darwin estaba consciente de que desde el punto de vista biológico había muchísima más diferencia entre un perro y un chimpancé de la que había entre este último y un hombre, pero que desde la perspectiva intelectual la distancia entre el hombre y los demás animales era tan grande que sería difícil convencer a sus compatriotas de que era solo producto de la evolución.

En efecto, para la muy formal sociedad victoriana de la época fue terrible que les dijeran que descendían de esos ridículos monos tan poco victorianos que veían en sus zoológicos. Incluso el nombre del libro podría interpretarse en forma despectiva como nuestro descenso de los árboles en los que vivíamos antes.

En la actualidad no hay duda de que la especie humana desciende del tronco común de los primates, que incluye hoy a los gorilas, chimpancés y orangutanes. Hace más de dos millones de años, en algún lugar de África, un grupo de ellos abandonó su vida en los árboles y adaptó sus extremidades inferiores para caminar en el suelo. Por algún motivo su capacidad craneana creció y empezaron a usar sus manos para construir y utilizar herramientas primitivas. Se han encontrado restos de distintas especies de homínidos con estas características, estando en discusión entre los paleontólogos su cantidad y las relaciones entre ellas.

Hace menos de un millón de años algunos salieron de África y alcanzaron las regiones meridionales de Asia y Europa. Al final, hace menos de doscientos mil años, salió de África nuestra especie, el *homo sapiens,* desparramándose por todo el Viejo Mundo. Esta especie desplazó a todos los otros homínidos anteriores, siendo la más conocida el hombre de Neandertal, que convivió con nuestros antepasados en Europa hasta hace algunas decenas de miles de años atrás. Por último, llegó a América hace quizás unos quince mil años, ocupando en pocos milenios todas las regiones entre Alaska y la Tierra del Fuego.

Con esto ponemos término a un largo viaje de muchos miles de millones de años, en el que hemos ido señalando las increíbles casualidades que hicieron posibles la existencia del universo tal como lo conocemos: nuestro Sol, la Tierra, la vida y por último la especie humana. Un viaje que para mí culmina con la reconciliación de mis futuros padres después de aquel desagradable encuentro en un pequeño restaurante de Buenos Aires.

Espero haber demostrado la primera parte del título de este libro: *El universo improbable.* Son tantas las coincidencias que fueron necesarias para poder estar escribiendo hoy este libro que la única conclusión racional es que yo no debería existir, ni ustedes, ni tampoco el universo que nos rodea. He tratado de hacer una prolija relación del cómo hemos llegado hasta aquí, pero en cuanto al por qué, aún no hemos avanzado gran cosa.

Esta es la segunda parte y seguramente la más difícil del libro. Intentar ver si mediante el hombre podemos llegar a otra realidad que está más allá del universo visible, aquello que Santo Tomás decía que debía existir por sí mismo, sin posibilidad de no existir, a diferencia de nuestro universo que perfectamente podría no existir, aunque en ese caso nunca nos hubiéramos enterado de ello.

Para ello tendremos que dar el paso que más complicó a Darwin: tratar de determinar si el hombre es solo un improbable producto de la evolución de las especies o si hay algo más en él que trasciende al universo material y lo pone en contacto con otra dimensión de la realidad, quizás más real que aquel universo.

Sección III

El Dios probable

◀(89)▶

Ese extraño animal

¿Qué es el hombre? ¿Una criatura hecha a imagen y semejanza de Dios, como escribió el autor del *Génesis*? ¿Un conjunto de átomos que se dispersarán después de la muerte, como pensaba Epicuro? ¿Un cuerpo mortal unido a un alma inmortal, según varios filósofos griegos? ¿Un animal racional, sea lo que sea que esto signifique? ¿Alguien que pasará por muchas reencarnaciones hasta llegar a un estado superior? ¿O tal vez un cuerpo mortal que resucitará como cuerpo inmortal, según predica el cristianismo?

Con seguridad estos interrogantes estaban en la mente de Darwin cuando escribió sus famosos libros. En ese momento él tenía que demostrar que también el hombre era producto de la evolución, contra la creencia imperante en su época, según la cual cada especie se había mantenido inmutable desde el momento de la Creación. Hoy muy pocos dudan de que el hombre sea el resultado de la evolución, pero la pregunta clave es si entre el hombre y los animales hay solo una diferencia de grado o si hay algo más en el hombre que explique la enorme diferencia.

El motor de la evolución es la llamada selección natural. De todas las variaciones que hay dentro de una misma especie, se preservan aquellas que le dan más ventajas al individuo en la lucha por la vida, ya que es más probable que estos puedan reproducirse y dejar en herencia estas características a sus descendientes.

En el caso de los primeros homínidos, se supone que cuando su hábitat pasó de ser una selva tropical a una sabana, aquellos individuos con mayor facilidad para desplazarse por el suelo tuvieron ventajas sobre los que permanecieron aferrados a los cada vez más escasos árboles. De esta forma sus extremidades inferiores fueron perdiendo su capacidad prensil y tomando la forma que hoy tienen nuestros pies.

Si el hombre es solo producto de la evolución, entonces todas las características que encontramos en él que lo separan de los otros animales deberían representar una ventaja competitiva en su lucha por la supervivencia. De encontrar algunas que supusieran más bien una desventaja, podríamos inferir que tienen un origen distinto del mecanismo de la evolución.

Otro criterio podría ser comparar las capacidades del hombre con las de una computadora electrónica. También ella ha sido el producto de una evolución, aunque en su caso nadie duda de que sea un objeto tan solo material. Algunas características del hombre están también presentes en la computadora, en muchos casos potenciadas de manera impresionante. Otras, en cambio, no son siquiera imaginables en dichos aparatos y podrían darnos pistas sobre un origen no exclusivamente material de las mismas.

Veamos, en primer lugar, qué es lo que nos dice la arqueología sobre el hombre prehistórico, lo cual podremos complementar con las costumbres de las tribus más primitivas que han llegado hasta nuestros días.

Lo primero que nos muestran las excavaciones es la presencia de herramientas, muy toscas al principio y más elaboradas a medida que pasan los milenios. Esto ya es una enorme diferencia de comportamiento con los demás animales, los que no van más allá de ayudarse con piedras o palos para conseguir su comida, pero los toman tal como los encuentran, sin trabajarlos para que cumplan mejor con sus fines.

Otra característica distintiva es el uso del fuego, que permitió una mejor preparación de la comida, facilitando la asimilación de las proteínas requeridas por su cerebro en progresivo crecimiento. Se puede presumir que también desarrollaron el lenguaje en tiempos muy antiguos, lo que parece indicado por la diversidad de idiomas que llegaron a los tiempos históricos, siendo interesante comprobar que el lenguaje de las tribus más primitivas muchas veces es más complejo que el nuestro.

Está claro que estas características representan ventajas indudables para la supervivencia de nuestra especie. Sin embargo, llama la atención el por qué no ha sucedido lo mismo en otras especies que casi no han cambiado durante decenas y hasta cientos de millones de años, en tanto que en nuestro caso en un par de millones de años se han potenciado a una escala inimaginable. ¿Será solo consecuencia del principio antrópico?

Podríamos decir que estas características son consecuencia de la mayor inteligencia del hombre en relación con los animales. Es curioso que un cerebro quizás dos o tres veces más pesado tenga una capacidad de raciocinio casi infinitamente superior. Es como si la selección natural hubiera desarrollado una computadora maravillosa cuya capacidad de razonar y de comunicarse aún hoy excede en muchos aspectos a las de nuestros modernos aparatos electrónicos.

Pero veamos ahora los patrones de comportamiento del hombre primitivo que no parecen aportar ventajas para la supervivencia ni que tampoco esperaríamos encontrar en una computadora.

La arqueología nos muestra que desde muy antiguo el hombre tiene una actitud especial ante la muerte, distinta a la de los demás animales. Para estos la muerte es un asunto cotidiano, que a lo sumo les produce una impresión pasajera. El cadáver queda abandonado a su suerte y ellos siguen su camino. En el hombre, en cambio, el cuerpo del difunto es enterrado o incinerado, habitualmente siguiendo un rito preestablecido,. En muchos casos se incluyen en la sepultura objetos de uso personal. En general, los muertos no se entierran en cualquier parte, sino en lugares especiales, los cementerios, en donde suele ser costumbre que reciban la visita de sus parientes y amigos.

¿Cuál puede ser el motivo de este extraño comportamiento? Puede haber razones higiénicas, pero sería mucho más fácil botar el cadáver lejos del campamento. Más bien parece que en la mente del hombre primitivo se ha formado la idea de que pese a la muerte física la persona del difunto no se extingue de inmediato, o tal vez nunca.

Ya en la antigüedad clásica aparecen las historias de fantasmas que permanecen rondando el sitio de la muerte porque el cadáver no ha recibido la debida sepultura. En ciertas culturas los muertos de la familia son venerados como espíritus benignos a los que se puede solicitar favores.

En algunos casos se pretende asegurar la vida futura del difunto conservando su cadáver embalsamado. Esto sucede no solo en Egipto y sus técnicas milenarias, sino también en aquellos lugares donde el clima permite la conservación natural de los cuerpos. Cuando los españoles llegaron al Cusco, encontraron que en el templo del Sol se conservaban todas las momias de los Incas que precedieron a Atahualpa y Huáscar.

Otra característica sorprendente del hombre prehistórico está dada por sus manifestaciones artísticas. Las maravillosas pinturas de la cueva de Altamira, la cueva de las Manos en la Patagonia o los numerosos petroglifos de las antiguas culturas andinas que culminan con las líneas de Nazca son objeto de admiración para el hombre moderno. La escultura nos ha brindado desde numerosas estatuillas antropomorfas, a menudo con sus atributos sexuales muy desarrollados, hasta los increíbles moais de la Isla de Pascua.

Los antropólogos suponen que la mayoría de estas representaciones están relacionadas con prácticas mágicas. Las pinturas de animales se hacen con la esperanza de obtener una caza abundante, las estatuillas aumentarían la fertilidad de hombres, animales y plantas, y lo más posible es que los moais tuvieran un significado similar.

No se ve claro por qué los ritos funerarios o las prácticas mágicas podrían haber sido producto de la evolución. ¿Acaso todo el esfuerzo usado para honrar a los muertos no hubiera sido mejor empleado en asegurar la supervivencia de los vivos? En cuanto a la magia, ¿no hubiera sido más útil que usaran de su tiempo cazando en lugar de pintando muros o dibujando petroglifos? Es raro que este avanzado mecanismo que sería el hombre, gaste esfuerzos en estas actividades poco provechosas. Ciertamente no esperaríamos estas actitudes de una computadora.

No es mucho más lo que nos enseña la arqueología sobre lo que pasaba por la mente del hombre prehistórico. Deberemos esperar a la aparición de la escritura para poder continuar nuestra investigación. Ella nos permitirá ver no solo el pensamiento de los autores de los documentos, sino también sus relatos sobre las creencias de los grupos más primitivos con los que iban tomando contacto a medida que la civilización se iba expandiendo por el mundo. Eso es lo que trataremos de mostrar en el próximo capítulo.

Dioses a granel

Finalmente, hace unos 5000 años apareció la escritura. Por fin pudimos saber qué pensaban nuestros antepasados. Casi al mismo tiempo en el país de Sumer, ubicado en la actual Iraq, y también en el antiguo Egipto, los primitivos trazos que pretendían representar la lengua hablada se empezaron a combinar para formar los primeros documentos literarios. Los hay de diferentes tipos. Ya hemos visto en un capítulo anterior la descripción de sus cosmogonías. Hay también documentos comerciales, algunos de carácter histórico y muchos relacionados con sus ideas religiosas.

En ambos casos nos encontramos con que adoran a una multitud de divinidades. Junto a los dioses principales, a los que se da culto en toda la región, hay innumerables dioses secundarios, ya sea patronos de cada ciudad y pueblo, ya sea especializados en alguna disciplina en particular. A medida que nuevas civilizaciones fueron apareciendo en el horizonte de la historia, encontramos las mismas características.

Sumerios, caldeos, asirios, cananeos, hititas, griegos, tracios, escitas, fenicios, árabes, romanos, celtas, germanos, todos ellos dan culto a innumerables dioses. Hay dioses del cielo, del mar, de los infiernos, de los ríos, de los bosques y de los montes. Hay dioses para todas las etapas de la vida. Tal como nos cuenta San Agustín en el libro IV de *La ciudad de Dios*, en la antigua Roma las que estaban de parto invocaban a la diosa Lucina, los bebes que lloraban eran encomendados al dios Vaticano, los que estaban en la cuna a Cunina, los que mamaban a Rumina, los que ya se paraban al dios Estalino. Ya más grandes se invocaba a los dioses Nupciales, para que contrajeran un buen matrimonio, como es obvio. ¿Y cómo creen que se llamaba el dios al que se le pedía plata? No es broma, se llamaba Argentino, mucho antes que mis compatriotas inventaran aquello de que Dios es argentino.

Esta preferencia por un dios diferente para cada tipo de invocación tiene un paralelo con el culto a los santos que se practica hoy en la Iglesia católica, en especial a nivel popular. San Antonio para las causas perdidas, San Cayetano para conseguir trabajo, que a mí me ha resultado, San Roque para los temas de salud, San Expedito si necesitamos algo rapidito. Es como si, cuando tenemos un problema legal, en vez de hablar con el juez optáramos por encargarle el tema al empleadito que mueve los papeles, quizás con algún tipo de retribución.

Lo que hemos señalado se repite en otras culturas poco o nada relacionadas con las de la antigüedad clásica. Lo encontramos en la India, en el Japón, entre los aztecas y otras culturas nativas de América que se separaron del Viejo Mundo hace más de 15.000 años, y también en muchos pueblos más primitivos. Veremos que incluso los patrones de culto a esta multitud de dioses son muy similares en la mayoría de las culturas, lo que indicaría que estas creencias ya estaban presentes en la remota época en la que los distintos grupos humanos se dispersaron, a menos que fuera una característica innata en el hombre lo que lo lleva a pensar en la existencia de esos seres superiores que trascienden lo puramente material.

¿Cómo se llevaba a cabo el culto? Por lo general en un lugar predeterminado y siguiendo un ritual preestablecido. En las civilizaciones más avanzadas el lugar era el templo del dios, mientras que en las más primitivas era junto a algún árbol añejo que se consideraba sagrado o en la cima de un monte. En efecto, lo primero que encuentran los arqueólogos de las antiguas civilizaciones son los restos de los templos. Ya en los primeros capítulos de la Biblia aparece la historia de la torre de Babel, la cual seguramente está inspirada por el enorme templo del dios Marduk en Babilonia.

Es notable que casi todas las civilizaciones capaces de hacer edificios hayan construido templos, tanto en el Viejo como el Nuevo Mundo. La humanidad ha gastado una enorme cantidad de esfuerzo para honrar a sus múltiples dioses. El historiador Heródoto nos ha descrito el ya mencionado templo de Marduk como un edificio cuadrado de unos 180 metros de planta y con siete pisos escalonados que le daban una altura impresionante. ¿Quién no recuerda los templos de Luxor y Karnak en Egipto, el Partenón en el acrópolis de Atenas, el Panteón en Roma o el templo mayor de Tenochtitlán en Méjico, que Hernán Cortés pudo contemplar en todo su esplendor?

¿Qué esperan los dioses de los hombres? ¿Acaso que sean buenas personas, que tengan un comportamiento virtuoso, que sean generosos con sus semejantes? La verdad es que no tanto, entre otras cosas porque su propio comportamiento era más bien escandaloso, al menos según la mitología griega.

Lo que realmente esperan los dioses es que les construyan un bonito templo, con una bella estatua de ellos mismos en su interior, que haya un grupo de sacerdotes bien remunerados dedicados a su culto (lo mismo que esperan dichos sacerdotes), que les dediquen himnos de alabanza con la mayor frecuencia posible y, sobre todo, que se les ofrezcan abundantes sacrificios siguiendo un ritual muy estricto. En Babilonia, además, querían que una atractiva señorita durmiera todas las noches en su templo para satisfacer sus apetitos sexuales. En Grecia esto no era necesario porque sus dioses cometían adulterios a la vista y paciencia de todo el mundo.

¿Qué esperan los hombres que les den los dioses a cambio? Larga vida, salud, buenas cosechas, poder, dinero, éxito en sus empresas, que no los pillen en sus latrocinios, que favorezcan sus adulterios. También que les anticipen el futuro. Cuando Creso, rey de Lidia, preguntó a Apolo «¿deberé cruzar el río Halys para atacar a los medos?», la respuesta de Apolo fue «si atacas, destruirás un gran imperio». Confiado en esto, atacó y, en efecto, destruyó un gran imperio, ¡el suyo propio! Esta sutileza era un ejemplo típico que se citaba con frecuencia en la época clásica.

Es difícil que el hombre moderno pueda imaginarse lo que significaban los sacrificios en la antigüedad. Ya el primer crimen que nos relata el *Génesis* tiene por causa este tema. Adán y Eva tienen dos hijos. El mayor, Caín, es labrador; el menor, Abel, pastor. Ambos ofrecen a Dios lo mejor de sus productos, pero, por algún motivo que no se explica, a Dios no le agradan los de Caín. Este se irrita contra su hermano y lo asesina. Esta historia nos muestra no solo que pastores y labradores nunca se llevaron muy bien, sino que, desde muy antiguo, el hombre tenía la costumbre de ofrecer a sus dioses los mejores frutos de su trabajo.

El sacrificio se llevaba a cabo matando y quemando el producto ofrecido, ya fuera animal o vegetal. A los que leyeron en el Evangelio que, cuando presentaron a Jesús niño en el Templo, sus padres ofrecieron dos tórtolas, lamento decirles que estas no sobrevivieron a la celebración.

Pero esto no es nada en comparación con la diaria matanza de animales en todos los templos del mundo antiguo. Hay una carta del judío Aristeas escrita un par de siglos antes de Cristo. En ella relata a sus hermanos de Alejandría su reciente viaje a Jerusalén, contando que en el Templo de dicha ciudad los días de fiesta se sacrificaban varios miles de animales. La operación era llevada a cabo por setecientas personas. El piso junto al altar estaba diseñado de manera que toda la sangre corriera por unas canaletas y desapareciera casi de inmediato. Ni un moderno frigorífico hubiera sido tan eficiente.

Algo similar ocurría en todos los templos de los dioses a lo largo del Imperio romano hasta el triunfo del cristianismo. El último emperador pagano, Juliano el Apóstata, en su empeño por restaurar el culto a los dioses, se excedió en esta práctica. Cuenta el historiador Amiano Marcelino que cuando aquél pasó por Antioquía, preparando la guerra contra los partos, varias veces ofreció sacrificios de cien bueyes a la vez, una verdadera hecatombe. De paso, les recuerdo que la palabra hecatombe viene del griego y quiere decir precisamente eso: cien bueyes.

Lamento informarles que la cantidad de bueyes fue insuficiente porque el emperador murió en una escaramuza y el ejército romano tuvo que retirarse, cediendo toda la Mesopotamia al enemigo.

Si les impresiona esta matanza de animales, cuando la sensibilidad actual hace difícil incluso matar a un perro vago que amenaza a los vecinos, les recuerdo que el término de dicha carnicería fue obra de un personaje que aparecerá más tarde en esta historia. Y no solo de animales, sino también de seres humanos.

En la poderosa ciudad de Cartago, rival de Roma en las guerras púnicas, era costumbre sacrificar a sus niños al dios Baal. En el México precolombino la matanza no era de animales, sino de innumerables prisioneros de guerra a los que se les arrancaba el corazón, tirándose el resto del cuerpo escaleras abajo. Creían que eso era necesario para que el universo no se detuviera.

Mejor pasemos a un tema más agradable. En la antigüedad, al igual que en nuestros días, el hombre tenía una terrible curiosidad por conocer el futuro. Así como hoy hay gente que consulta a los adivinos o sigue el horóscopo de las revistas, existían entonces innumerables técnicas de adivinación. La más antigua era la astrología, practicada por los caldeos, la que de alguna forma dio origen a la astronomía.

La teoría era que había una cierta unidad en el universo que hacía que las posiciones de los astros afectaran los destinos de los hombres. Entre los primitivos romanos el vuelo de las aves en una dirección o la otra significaba un presagio favorable o aciago. Después, por influencia de los etruscos, se popularizó la inspección de las entrañas de los animales sacrificados, en particular del hígado, donde cada uno de sus lóbulos tenía un significado especifico.

También se utilizaba lo que ellos llamaban portentos, ya sea el nacimiento de un animal con dos cabezas o cinco patas, la visión de varios soles en el cielo por efecto de la refracción de la luz en nubes cargadas de hielo, la aparición de algún cometa o una lluvia de piedras o incluso de sangre. Como es natural, se consideraba de muy mal agüero si caía un rayo en uno de los templos y derribaba la estatua del dios.

Algo parecido es lo que nos narra Cicerón en su libro *De la adivinación*, escrito pocos meses después del asesinato del dictador Julio César. Se trata de una conversación entre un estoico que plantea los argumentos a favor de la adivinación y un seguidor de la escuela académica que los refuta.

El estoico recuerda lo que pasó con el sacrificio de un buey hecho por César el primer día en que se sentó en un trono de oro con una toga de púrpura, manifestando de esa manera sus intenciones de ser rey. Resulta que al abrir el buey para sacarle sus entrañas no se pudo encontrar el corazón. ¡Un presagio terrible!

Como era obvio que un animal no puede vivir sin corazón, el estoico dice que los dioses hicieron desaparecer el corazón en el momento del sacrificio, para indicarle a César la suerte que le estaba destinada.

Aunque Cicerón, hablando por boca del académico, toma esto con ironía, el episodio muestra a qué grado de credulidad podía llegar el tema de la adivinación, no solo a niveles populares, sino también entre los hombres de estado de la poderosa República Romana.

Había otras formas de adivinación que no se basaban en los mecanismos ya mencionados, sino en las cuales los dioses se comunicaban de manera directa con los humanos, ya sea mediante los oráculos o a través de los sueños. El más famoso de los oráculos fue el de Delfos, en el que el dios Apolo respondía las preguntas que se le hacían por boca de la pitonisa, una mujer que entraba en trance profético y cuyas palabras eran recogidas y puestas en limpio por los sacerdotes del dios. Era consultado desde todas las partes del mundo griego e incluso fuera de él, como ya vimos en el caso de la respuesta que recibió el desafortunado Creso.

Había otros muchos oráculos en el mundo antiguo. Entre otros, el de Ammón, situado en el desierto egipcio a unas cuantas jornadas del Nilo, que se hizo conocido cuando recibió en peregrinación a Alejandro Magno, quien quería preguntarle si en efecto él era hijo de un dios. Como es obvio. Ammón, o lo más probable es que hayan sido sus sacerdotes, se lo confirmaron, con lo cual el oráculo fue enriquecido con muchos regalos por parte del futuro conquistador del Imperio persa.

En cuanto a los sueños, había que distinguir entre los provocados por un exceso de comida o bebida y los verdaderos sueños proféticos. Lo normal era que se necesitaba un intérprete de los sueños. ¿Existirá esa profesión todavía?

En la Biblia se narran varias historias de ese estilo, siendo la más recordada aquella en la que José interpreta un sueño del

Faraón indicando que vendrían siete años de prosperidad seguidos de siete de escasez. El cumplimiento del sueño le permitió a José pasar de estar prisionero por una falsa denuncia a convertirse en el gran visir de Egipto. También en la noche anterior a su asesinato, tanto César como su mujer tuvieron sueños alusivos a lo que habría de ocurrir. En el caso de César, se vio a sí mismo dándole la mano al mismo Júpiter. Seguramente en nuestras familias hemos escuchado historias de sueños premonitorios de este tipo y también de muchos sueños disparatados que, por suerte, nunca se cumplieron.

¿Qué tiene que ver todo esto con el hilo conductor de este libro? Tan solo mostrar que este animal racional, producto de cientos de millones de años de evolución, tiene comportamientos absolutamente irracionales, que en nada ayudan a su subsistencia. Se desperdician enormes cantidades de alimentos y se toman importantes decisiones en base a información irrelevante obtenida con técnicas por completo ridículas, como las que hemos reseñado en los párrafos anteriores.

¿Por qué este complejo conjunto de moléculas orgánicas que es el hombre, insiste en creer que hay otro mundo inmaterial donde no se cumplen las leyes de la física? ¿Qué diríamos si nuestra poderosa computadora de escritorio empezara a tener comportamientos parecidos? ¿Lo encontraríamos increíble? ¿No será acaso que el hombre no es tan material como la computadora, sino que tiene algún componente que trasciende lo que es solo material? Sigamos adelante con nuestra investigación.

Un pueblo diferente

Hacia fines de la antigüedad clásica, hay un pueblo cuyo comportamiento difiere en parte de lo que hemos visto en el capítulo anterior. Cree en un solo dios y se niega a rendirles homenaje a los múltiples dioses de los otros pueblos. Este dios es incorpóreo y no puede ser representado con imágenes. Es adorado en un único templo y no puede admitir que pueda haber otros templos del mismo dios. Este pueblo tiene, además, costumbres peculiares que llamaron la atención de los autores antiguos, la más notable es la de cesar sus actividades un día de cada siete.

Conserva tradiciones escritas que pretenden llegar hasta la creación del mundo por su dios, algunos milenios atrás. Aparecen en la historia como un grupo más de los arameos que inundaron el oriente medio a comienzos del segundo milenio antes de Cristo. Las fuentes mesopotámicas mencionan la tribu de los hapiru, quienes posiblemente fueron los mismos que más adelante se conocerían como hebreos. Estuvieron un tiempo en la tierra de Canaan, actual Palestina, para pasar después a Egipto en la época en que este estaba dominado por los *hicsos*, pueblos extranjeros que habían invadido el país, provenientes de Asia.

Algunas generaciones más tarde la situación política cambió porque los egipcios recuperaron el control de su país. Los hebreos pasaron de ser aliados de los invasores a esclavos de los nuevos Faraones autóctonos. Surgió entre ellos un líder, Moisés, que de alguna manera consiguió que escaparan de Egipto pasando a la península de Sinaí. La historia de la huida de Egipto está envuelta en leyendas, pero la permanencia en aquel país quedó demasiado marcada en la conciencia del pueblo hebreo como para no ser real. Hasta el día de hoy se celebra la Pascua judía en conmemoración de la salida de Egipto.

No está muy claro en qué creían los hebreos antes de su salida de Egipto. En el libro del *Génesis* se refiere que, en la época anterior de los patriarcas, Abraham y su descendencia creían en un solo Dios. Aún de ser cierto esto, pareciera que había sido olvidado durante su estadía en aquel país.

Es por eso que, cuando Moisés se presenta ante ellos y les dice que ha reencontrado al dios de sus padres y que este le ha revelado su nombre, Yahveh, encuentra cierta resistencia en el pueblo. Por último, es aceptado como dios nacional, el dios de los hebreos, al igual que otros pueblos tenían sus propios dioses. Solo siglos después esta concepción evolucionará hasta convertirlo en el único Dios verdadero, considerándose a los demás dioses ya sea demonios, ya sea simples ídolos de piedra.

Sea como fuere, Yahveh resultó ser un dios celoso. Exigió que se le ame por sobre todas las cosas y no aceptaba que los hebreos veneraran a otros dioses. Tampoco aceptaba que se le hicieran estatuas, porque no es un dios antropomorfo, no es un dios material. Toda la historia de Israel estará marcada por sus infidelidades a este dios.

Israel fue el nombre que adoptó el pueblo hebreo cuando se constituyó como nación, en recuerdo de su presunto antepasado común, Jacob, también llamado Israel. Están agrupados en doce tribus que llevan los nombres de los doce hijos de aquel patriarca.

Moisés hace otro gran aporte, no ya solo al pueblo hebreo, sino a toda la humanidad. Es el primer código puramente moral que se conoce: el Decálogo, también llamado los Diez Mandamientos. No es el primer código que existe. Es famoso el de Hammurabi, más de quinientos años anterior al de Moisés, que tampoco es el más antiguo, ya que se han encontrado fragmentos de códigos sumerios del tercer milenio antes de Cristo.

Pero estos no son códigos morales, sino más bien parecidos a los actuales códigos penales y civiles. Se enumera una gran cantidad de figuras delictuales, un total de 282 en el código de Hammurabi, y para cada una de ellas se establece la pena, ya sea la muerte, castigos corporales o multas. Seguramente eran utilizados por los jueces que veían las causas, al igual que los códigos actuales. Son material para los especialistas, más que para la gente común.

El Decálogo, en cambio, es de gran simplicidad. Solo diez mandamientos que cualquiera puede recordar. Los tres primeros se refieren a Dios y los otros siete al prójimo. Son universales, en el sentido de que aplican a todos los hombres. En los demás códigos hay disposiciones diferentes para las distintas clases de personas. En la antigüedad había un derecho para los ciudadanos, otro para los extranjeros, otro para los esclavos. Hoy también hay distinciones parecidas, habiendo leyes especiales para los niños, las mujeres, los ancianos, los casados o los divorciados. Nada de eso aparece en el decálogo. Todos los hombres son iguales y el comportamiento que se espera de ellos es el mismo para todos. ¡Escrito más de mil años antes de Cristo!

Otra característica del Decálogo es que no incorpora penas por no cumplir los mandamientos, solo se promete larga vida a quien honre a su padre y a su madre. Y lo más notable es que no solo se ocupa de las malas acciones de los hombres, sino también de sus malos apetitos, aunque estos no se concreten. Está prohibido el adulterio, pero también desear la mujer de tu prójimo. Se prohíbe el robo y, además, el codiciar los bienes ajenos. Por extensión, y como lo señalará Jesús más adelante, también estará mal desear la muerte o algún otro mal a una persona, incluso insultarlo, por más que el mandamiento respectivo solo diga «no matarás».

¿Quién será capaz de juzgar en base a un código que no incluye penas y que, además, legisla hasta sobre nuestros pensamientos? Hay un solo juez posible, la propia conciencia. Por eso lo llamé un código puramente moral. En los demás códigos solo hay juicio si descubren el delito, con este no hay falta que no sea juzgada de inmediato. Entramos de lleno en el tema del bien y del mal, característica exclusiva del ser humano, lo que también preocupó a Darwin, quien hizo esfuerzos para mostrar que estaba presente en forma incipiente en los animales superiores.

¿Cómo es posible que una tribu tan primitiva como los hebreos haya podido concebir un documento semejante? La Biblia cuenta que ya en los tiempos anteriores a sus primeros reyes, las Tablas de la Ley eran guardadas en el arca de la alianza, a la que prestaban especial veneración. Ellos creían que las tablas habían sido escritas por el mismo Yahveh y entregadas a Moisés en el monte Sinaí. ¿Y usted, lector, qué cree? ¿Le parece probable que este maravilloso código haya surgido de la nada en el seno de un pueblo nómade, mayormente iletrado, mientras huían de la esclavitud para ir a conquistar a sangre y fuego un nuevo lugar para vivir? Yo no le voy a dar la respuesta a esa pregunta. Espero que este libro le ayude a encontrarla.

Llama la atención que Yahveh en el Decálogo solo espera de su pueblo que lo ame por sobre todas las cosas, que respete su nombre y que se tome un día de descanso a la semana para honrarlo. Nada de templos, nada de sacrificios, nada de oráculos para predecir el futuro, nada de lo que otros pueblos ofrecían a sus dioses. No obstante, los hebreos no quisieron ser menos que sus pueblos vecinos y mantuvieron la costumbre de ofrecer sacrificios que venía de sus mayores. Cuando al final se consolidaron como reino, Salomón construyó el templo que ya mencionamos con anterioridad en la Jerusalén que recién había sido conquistada por su padre David. Todo esto sucedía hacia el año mil antes de Cristo, algunos cientos de años después de la salida de Egipto.

La historia posterior del pueblo hebreo es única en la historia universal y hasta el día de hoy despierta nuestra admiración. ¿Qué probabilidad hay de que aquel insignificante pueblo nómade de fines del segundo milenio antes de Cristo haya subsistido hasta la actualidad?

Los sumerios ya habían sido olvidados en la época de los escritores clásicos. Lo único que se sabía a ciencia cierta de los asirios era lo que había quedado registrado en la Biblia, la que no era tomada en cuenta por los historiadores griegos y romanos. Tampoco les había llegado la menor noticia del poderoso imperio hitita en Asia Menor. De los caldeos solo habían quedado sus conocimientos astronómicos transmitidos a los griegos. La famosa cultura egipcia, que había durado casi sin cambios durante tres mil años, se perdió casi por completo en los primeros siglos de nuestra era. Las escrituras cuneiforme y jeroglífica ya eran incomprensibles por completo al comenzar la Edad Media.

Incluso el latín que se hablaba en todo Occidente en la actualidad solo es usado apenas por la Iglesia católica. En cambio, hoy en el estado de Israel se sigue usando el mismo idioma hebreo de aquellos tiempos y cualquier judío devoto del mundo puede leer las Escrituras en su idioma original.

¿Acaso los hebreos formaron un estado poderoso que les permitió preservar su identidad cultural a lo largo de los milenios, tal como sucedió en China y Japón? En absoluto. En estos tres mil años solo pudieron mantener su independencia por poco más de quinientos años. El reino unido de las doce tribus hebreas no alcanzó a durar cien años. A la muerte de Salomón, las diez tribus del norte se rebelaron contra su hijo y fundaron el reino de Israel, con capital en Samaria. Las dos tribus del sur mantuvieron su capital en Jerusalén y formaron el reino de Judá.

Ninguno de los dos duró mucho. El del norte fue destruido por los asirios unos doscientos años más tarde y sus habitantes deportados, perdiéndose el rastro de esas diez tribus para siempre. El de Judá sobrevivió otros ciento cincuenta años, hasta que en el 587 a. C. Jerusalén fue tomada y destruida por Nabucodonosor, rey de Babilonia, siendo la mayoría de sus habitantes deportados a ese reino. La actual Palestina quedó bajo la dependencia de los babilonios, hasta que algunas decenas de años más tarde estos fueron derrotados y conquistados por los persas.

Aunque Ciro, rey de Persia, permitió a los judíos volver a su tierra e instalarse de nuevo en Jerusalén, quedaron formando parte del Imperio persa hasta su destrucción por Alejandro Magno en el 331 a. C. A su muerte, pasaron a depender primero de los Tolomeos de Egipto y luego de los Seléucidas de Siria. La revuelta de los Macabeos contra estos últimos les permitió gozar de un breve período de independencia durante poco más de cien años. Finalmente, en el 63 a. C. Pompeyo los incorporó al Imperio romano, al principio bajo el rey Herodes y después gobernados por procuradores que dependían de la provincia de Siria.

Por último, después del fracaso de la segunda revuelta judía en tiempos del emperador Adriano, en el 135 d. C., ellos fueron expulsados de Jerusalén y a partir de allí fueron minoría en Palestina. Esto continuó así hasta la fundación del moderno estado de Israel en 1947. En el intervalo Palestina fue gobernada de forma sucesiva por romanos, bizantinos, árabes, cruzados, turcos y los infaltables ingleses.

Que el pueblo hebreo haya sobrevivido en esas condiciones es bastante increíble o, para decirlo en los términos de este libro, sumamente improbable. Es difícil de imaginar que eso sea tan solo el producto del movimiento aleatorio de los átomos, según predicaba Epicuro, o del implacable cumplimiento de las leyes físicas de nuestro universo, como dirían los científicos de nuestros tiempos. ¿Será acaso consecuencia del genio de ese personaje semilegendario llamado Moisés? ¿Tendrá quizás relación con esa fidelidad absoluta a su dios Yahveh, a pesar de que esta no les evitó sinsabores de todo tipo? ¿Será el resultado de esa maraña de ritos y prescripciones legales que sus sabios desarrollaron a lo largo de los siglos, con lo que se dificultó sobremanera su mezcla y asimilación con otros pueblos?

Es cierto que todo esto contribuyó, pero quizás haya habido algo más, porque ese pueblo estaba destinado a mayores maravillas aún, incluso mayores que el haber subsistido contra viento y marea durante más de tres mil años. ¡Y ese algo podría tener relación con el Dios probable!

Los profetas

Cuando los israelitas conquistaron Canaan, después de su salida de Egipto, cada tribu se quedó con una porción de su territorio. La única excepción fue la tribu de Levi, que se alojaba en los pueblos y ciudades de las demás tribus y que se dedicó al culto de Yahveh. Pese a ello, las tribus con territorio continuaron siendo doce, porque no había una tribu de José sino dos en correspondencia con sus dos hijos, Manasés y Efraim. O sea que se da la paradoja de que las doce tribus eran en realidad trece, pero eso no tiene importancia para nuestra historia.

Con la construcción del Templo de Jerusalén, el culto a Yahveh se organizó de manera muy minuciosa. Varias páginas de la Biblia se emplean en describir las diversas vestiduras que debía usar el sumo sacerdote. Este debía ser del linaje de Aaron, hermano de Moisés, que pertenecía a la tribu de Leví. Los otros sacerdotes que ayudaban al culto debían ser de la misma tribu y, por lo tanto, eran llamados levitas. Estos últimos oficiaban por turno en el templo, tal como se cuenta de Zacarías, el padre de Juan el Bautista, en el Evangelio de San Lucas. También los sacrificios estaban reglamentados de una manera meticulosa, como ya vimos en el caso de la presentación de un primogénito al templo.

Durante el período en que subsistieron los dos reinos de Israel y de Judá, e incluso antes, durante el reinado de Salomón, el culto de Yahveh tuvo que enfrentar mucha competencia. Los reyes, como es habitual, concertaban sus matrimonios con las hijas de los reyes de las naciones vecinas, las que traían a la corte sus propias divinidades. Los reyes de Israel, además, hacían lo posible para desincentivar el culto a Yahveh para evitar que sus súbditos peregrinaran al Templo de Jerusalén, la que había quedado como capital del otro reino.

La historia de ambos reinos, tal como se cuenta en la Biblia, es en realidad la historia de la lucha entre Yahveh y los dioses extranjeros. Lo habitual es que estos eran apoyados por los reyes, salvo contadas excepciones, en tanto que la defensa de la fidelidad a Yahveh estaba a cargo de unos personajes singulares, los llamados profetas.

Seguramente la mayoría de mis lectores piense que un profeta es una especie de adivino que predice el futuro. No es ese el sentido único ni tampoco el principal de los profetas de Israel. Como se ve en la Biblia, ellos eran personas de cualquier tribu y de todas las clases sociales, que hablaban por inspiración directa de Yahveh.

Algunos de ellos aparecen en los libros históricos de la Biblia, ya sea Samuel ungiendo como reyes a Saúl y luego a David; echándole en cara sus crímenes al rey, tal como el profeta Natán en la conocida historia de David y Betsabé; o luchando contra los otros dioses, como Elías enfrentándose a los sacerdotes de Baal, amparados por el impío rey Ajab. De otros contamos con sus escritos, probablemente recogidos y compilados por sus discípulos. Se conservan los de cinco profetas mayores y otros doce menores, los que representan aproximadamente la cuarta parte de la Biblia hebrea. Vivieron y actuaron en un lapso de tiempo que va desde la división del reino hasta poco después del retorno del cautiverio de Babilonia.

El profeta era respetado por el pueblo y temido por los poderosos. Era un hombre de acción que no vacilaba en enfrentarse con los reyes, censurándoles sus desvíos o recomendando el curso de su política exterior. Aunque hoy tenemos solo sus escritos, es de suponer que en un medio casi totalmente analfabeto sus oráculos se entregaban a viva voz mientras recorrían los pueblos y ciudades, tal como en el simbólico libro de Jonás se nos hace aparecer al profeta predicando la penitencia por las calles de Nínive, la capital del poderoso reino de Asiria.

La autoridad del profeta viene directamente desde Yahveh, aunque a veces es conferida a través de otro profeta, como en el caso de Elías y Eliseo. No recurren a las Escrituras, quizás aún inexistentes en aquellos años, ni tampoco se apoyan en la autoridad de Moisés o de los profetas que les precedieron. En esto se diferencian por completo de los escribas y fariseos posteriores al exilio, que solo eran intérpretes cada vez más rebuscados de la ley que suponían escrita por Moisés.

La primera preocupación de los profetas era la fidelidad del pueblo de Israel a la Alianza concertada con Yahveh en el Sinaí. A ella se consagra una buena parte de sus escritos. La segunda es de naturaleza moral, contraponiendo el culto meramente formal del templo con el verdadero culto a Yahveh en el corazón de su pueblo. En palabras del profeta Oseas, uno de los más antiguos: «yo quiero misericordia, no sacrificios; conocimiento de Dios, más que holocaustos» *(Ho 6:6-7)*.

Más claro aún lo pone Isaías algunas décadas más tarde: «harto estoy de holocaustos de carneros y de sebo de cebones; y sangre de novillos y machos cabríos no me agrada... No sigáis trayendo oblación vana: el humo del incienso me resulta detestable» *(Is 1:11-13)*. Y más adelante aclara qué es lo que Yahveh espera de su gente: «desistid de hacer el mal, aprended a hacer el bien, buscad lo justo, dad sus derechos al oprimido, haced justicia al huérfano, abogad por la viuda» *(Is 1:16-17)*.

Esto es una verdadera revolución en lo que se entendía por religiosidad en la mayor parte del mundo antiguo. Ya no se trata de un intercambio de favores entre los hombres y los dioses. Tampoco tan solo en el cumplimiento estricto de las normas del Decálogo: amar a Dios y no hacer daño a los demás. Ahora se nos pide un interés positivo por el prójimo, en especial el más pobre e indefenso. No solo por los parientes y amigos, como abogarán los grandes pensadores clásicos siglos más tarde. No solo por los de nuestra propia nación o raza, como veremos en muchos momentos de la historia hasta nuestros días. Los profetas verdaderamente estaban sembrando la doctrina del amor universal.

¿Quiénes eran estos hombres que decían que Dios hablaba por medio de ellos? ¿Eran locos? Sus escritos son bastante desordenados y difíciles de leer, pero no muestran rastros de locura. ¿Eran farsantes? La verdad es que no obtenían mucho provecho de sus profecías. Decir cosas desagradables a los poderosos nunca reporta beneficios y, en el caso de ellos, les trajo más maltratos que honores e incluso alguna vez la muerte.

¿Por qué, en un plazo relativamente corto de cuatro o cinco siglos, apareció tal cantidad de profetas en una región bastante insignificante de nuestro planeta? Los que, además, pertenecían al mismo pueblo que sobrevivió tres milenios en medio de catástrofes y persecuciones. A mi mente racional le cuesta encontrar una explicación que sea, igualmente, racional. ¿Y usted qué dice? ¿Casualidad? ¿Principio antrópico? Puedo asegurarles que, si Moisés y sus hebreos se hubieran ahogado al cruzar el Mar Rojo, la humanidad hubiese subsistido a la perfección, aunque la historia del mundo habría sido muy diferente. ¿No será que tengamos que buscar la explicación más allá del mundo material?

Las profecías

Hablemos ahora de las profecías. Hay distintos tipos de ellas. En primer lugar, están las relacionadas con el devenir político de su tiempo. En los momentos de crisis, los profetas tomaban una posición contraria a las alianzas con los pueblos vecinos. Para ellos, la confianza en Yahveh debería ser suficiente para preservar al pueblo de Israel; aliarse con un pueblo que adoraba a otros dioses era visto como una especie de traición.

Cuando eran agredidos por alguna nación más poderosa, los profetas en general recomendaban evitar el enfrentamiento armado y someterse a su poder, pagando el tributo acostumbrado. Por ese motivo, eran vistos como derrotistas entre los grupos exaltados, que contaban con hipotéticas alianzas con naciones extranjeras e incluso pensaban que Yahveh intervendría de manera directa para aniquilar a sus enemigos.

Fue en este sentido que predijeron el fin de los reinos de Israel y de Judá, por no haber sido fieles a Yahveh. También emitieron numerosos oráculos contra las naciones vecinas, anunciándoles ruinas y calamidades. No es fácil saber si estas profecías se cumplieron, salvo en los casos de Asiria y del Imperio babilónico. La primera había sido la principal potencia militar del Medio Oriente durante varios siglos, pero alcanzó a durar solo ciento diez años después de la caída de Israel, siendo prácticamente arrasada por una alianza de medos y babilonios.

Estos últimos lograron mantener su independencia tan solo por cincuenta años después de la destrucción de Jerusalén, siendo conquistados por el naciente Imperio persa. A partir de ese momento, fueron una provincia más de este imperio y, después, del de Alejandro y sus sucesores, decayendo poco a poco de manera que quinientos años más tarde ya no quedaba casi nada de la famosa Babilonia.

Pero los profetas no solo profetizaban calamidades para el futuro próximo. Su intención era mantener la esperanza del maltratado pueblo hebreo. Muchos de ellos anunciaban también, para un tiempo remoto, una especie de edad de oro, parecida a la que los griegos suponían que había existido al comienzo de la historia.

Al principio, simplemente se trataba de una restauración del reino de Israel, una vez que el pueblo hubiera vuelto a su alianza con Yahveh. Después, por boca del gran profeta Isaías, se profetizó que, a través de un descendiente de David dotado de todas las virtudes, volvería la justicia a la tierra, describiéndose una situación idílica donde convivirían el lobo y el cordero, el niño de pecho podría meter la mano en la cueva del áspid y «nadie hará daño, nadie hará mal, porque la tierra estará llena del conocimiento de Yahveh como cubren las aguas el mar» *(Is 11:9)*.

Es posible que lo que estaba describiendo el profeta era la situación que creía había existido en el paraíso terrenal, antes de que Adán y Eva comieran del famoso fruto. Mi mente racional me dice que si el lobo no se come al cordero pronto morirá de hambre, pero esto solo indica que soy una persona prosaica incapaz de entender el lenguaje poético de Isaías. Es claro que la mayoría de los textos proféticos contienen lenguaje simbólico que no se puede tomar al pie de la letra.

El tema de que un descendiente de David vendrá en el futuro para devolver la justicia a la tierra aparece en muchos lugares de la Biblia. Ya en el *Génesis* el patriarca Jacob profetiza un destino especial para el linaje de Judá, el mayor de sus hijos, al cual pertenecería David. Más tarde, en el libro de Samuel, Yahveh le promete a David que la realeza permanecerá para siempre en su familia. El rey de Israel era llamado el ungido de Yahveh, porque en el momento de su consagración se le untaba la frente con aceite. Ungido en hebreo se dice mesías, lo que se traduce al griego como *cristós*, que pasó al castellano como Cristo. ¿Lo sabías?

Este es el motivo por el que los judíos esperan la llegada del Mesías, al que al menos en aquellos años visualizaban como un rey justo y poderoso que sería acatado por todas las naciones. Esta es la imagen que surge tanto de las profecías como también de los salmos que tratan de él. Es algo que no debería sorprendernos. Cuando las cosas andan mal, todos esperamos un futuro mejor. Lo que de verdad es misterioso es que, al lado de esta forma de ver al Mesías, hay algunos textos proféticos y salmos que muestran una imagen opuesta por completo, difícil de concebir en términos racionales.

Es que junto a las profecías que hablan de un Mesías glorioso y triunfante aparecen otras donde lo representan ultrajado, torturado e incluso muerto de manera humillante. Un ejemplo de lo primero se ve en el Salmo 110:

> Oráculo de Yahveh a mi Señor: siéntate a mi diestra hasta que yo haga de tus enemigos el estrado de tus pies. El cetro de tu poder lo extenderá Yahveh desde Sión: ¡domina en medio de tus enemigos! (Ps 110:1-2).

En cambio, en el Salmo 22, que comienza con:

Dios mío, Dios mío, ¿por qué me has desamparado?
(Ps 22:2).

Nos dice más adelante:

Y yo, gusano, que no hombre,
vergüenza del vulgo, asco del pueblo,
todos los que me ven, de mí se mofan,
tuercen los labios y menean la cabeza:
«Se confió en Yahveh, ¡pues que él le libre,
que le salve, puesto que le ama!» (Ps 22:7-9).

Y un poco más abajo:

Perros innumerables me rodean,
una banda de malvados me acorrala,
han taladrado mis manos y mis pies,
puedo contar todos mis huesos (Ps 22:17-18).

Todo el texto es muy impresionante, pero el hecho de que siglos antes de que se empezara a practicar la crucifixión aparezca una referencia a pies y manos taladrados es algo incomprensible. Las referencias más antiguas de la crucifixión datan del Imperio persa, en tanto que estos salmos son del tiempo de los reyes de Israel, muy anterior a aquella época.

En la Biblia hebrea actual no aparece la palabra taladrado, sino que, al haberse cambiado una de las letras por otra muy parecida, queda con el significado de león, lo que no hace ningún sentido en el contexto. Sin embargo, la versión que damos es la de la traducción de la Biblia al griego dos o tres siglos antes de Cristo, la que coincide con los textos hebreos del mismo salmo encontrados en el Mar Muerto.

Si a alguno le queda duda de que este salmo se refiere al Mesías, podemos ir a ver los oráculos del siervo de Yahveh, escritos a fines del destierro en Babilonia, los que fueron incorporados al libro del profeta Isaías. Cito algunos de sus versículos:

Ofrecí mis espaldas a los que me golpeaban,
mis mejillas a los que mesaban mi barba.
Mi rostro no hurté
a los insultos y salivazos.
Puesto que Yahveh habría de ayudarme
para que no fuese insultado,
por eso puse mi cara como el pedernal,
a sabiendas de que no quedaría avergonzado (Is 50:6-7).

¡Lindo Mesías el que esperaba este profeta! ¿A esta verdadera piltrafa iban a obedecer todas las naciones? Tal vez ustedes piensen que era solo un mal momento del que se recuperaría luego. Veamos qué dice el profeta un poco más adelante.

He aquí que prosperará mi siervo,
será enaltecido, levantado y ensalzado sobremanera.
Así como se asombraron de él muchos
—pues tan desfigurado tenía el aspecto que no parecía hombre,
ni su apariencia era humana—
otro tanto se admirarán muchas naciones;
ante él cerrarán los reyes la boca,
pues lo que nunca se les contó verán,
y lo que nunca oyeron reconocerán (Is 52:13-15).
[...]
Despreciable y desecho de hombre,
varón de dolores y sabedor de dolencias,
como uno ante quien se oculta el rostro,
despreciable, y no lo tuvimos en cuenta.
¡Y con todo eran nuestras dolencias las que él llevaba
y nuestros dolores los que él soportaba! (Is 53:3-4).

[...]
Como un cordero al degüello era llevado,
y como oveja que ante los que la trasquilan
está muda, tampoco él abrió la boca.
Tras arresto y juicio fue arrebatado,
y de sus contemporáneos, ¿quién se preocupa?
Fue arrancado de la tierra de los vivos;
por las rebeldías de su pueblo ha sido herido;
y se puso su sepultura entre los malvados
y con los ricos su tumba (Is 53:7-9).

No es este el momento de preguntarse si además esta profecía se cumplió. Ya lo que dice es bastante extraño por sí mismo. ¿Que un personaje humillado, maltratado, abandonado por los suyos y al final ajusticiado iba a ser admirado por todas las naciones? ¿Que ante él cerrarían los reyes su boca? ¡Qué disparate! ¿Cómo a un judío del siglo V a. C. se le podrían ocurrir semejantes cosas? Tal vez estaba loco, pero entonces, ¿cómo fue que encontró discípulos que incluyeran estos oráculos en el libro de Isaías, el más famoso de sus profetas? Y lo más raro, estos discípulos encontraron seguidores que conservaron escrupulosamente estos textos por los próximos dos mil quinientos años, y quién sabe por cuántos milenios más.

Para mí, esto no tiene ninguna lógica humana. ¿Tendrá acaso una lógica divina?

El Mesías

Han pasado más de quinientos años desde la vuelta del destierro de Babilonia. Hace ya más de dos siglos que no aparece un nuevo profeta. La situación religiosa es muy diferente a la que existía en tiempos de los reyes de Israel y de Judá. Los judíos ahora son fieles a Yahveh. Dentro de las áreas con mayoría de población judía no hay templos de otras divinidades ni representaciones de seres vivientes. Aunque los sacrificios se siguen haciendo solo en el Templo de Jerusalén, la práctica cotidiana de la religión se hace ahora en las sinagogas.

Estos son lugares en donde todos los sábados a la mañana los judíos se reúnen para orar y escuchar la lectura de la Ley y los profetas, la que es seguida por una homilía dada por una persona escogida para ello. Como dice Flavio Josefo, historiador judío del siglo I d. C.: el pueblo judío es el único que conoce sus leyes de memoria, a diferencia de los otros pueblos que necesitan de abogados y asesores para todos los asuntos legales.

Hay sinagogas en todas las ciudades y pueblos de alguna importancia, no solo en Palestina sino a lo largo de todo el Imperio romano y también en sus áreas colindantes. Esto se debe a que desde hace varios siglos se ha producido una fuerte emigración de los judíos a las distintas partes del mundo conocido. En Alejandría, capital de Egipto, constituyen un porcentaje importante de la población. En Roma sus costumbres son ampliamente conocidas y la adopción de la semana de siete días se la debemos justamente a ellos.

Aunque en general los judíos son bien aceptados dentro del Imperio e incluso se les permite no rendir culto al Emperador como si fuera un dios, en la misma Palestina hay resentimiento de que el pueblo elegido tenga que estar sometido y pagar tributo a una nación extranjera. Desde el año 63 a.C. han caído bajo la dominación romana. Al principio les impusieron como rey a Herodes, quien se caracterizó por su crueldad pero al mismo tiempo dio un gran impulso a las obras públicas, fortificando Jerusalén y ampliando y embelleciendo el Templo.

Poco después de su muerte, en el 4 a.C., el territorio que aquel gobernaba fue dividido entre algunos de sus hijos, quedando al poco tiempo la Judea y Jerusalén directamente bajo las órdenes de un procurador romano. La otra región con mayoría judía, la

Galilea, situada al norte y separada de la Judea por la región de Samaria, quedó en manos del tetrarca Herodes, hijo del anterior.

El resentimiento del pueblo judío se canalizaba a través de sus esperanzas mesiánicas. En la literatura de la época se manifiesta con fuerza la esperanza de que Yahveh envíe a un rey hijo de David para que rechace a los gentiles y haga prevalecer la justicia. Este rey sería el Ungido, es decir el Mesías. Su triunfo no se lograría por la cantidad de tropas de que dispusiera, sino por su confianza puesta en el Señor.

Como advertirán los lectores, la esperanza en un mesías de este tipo es utópica. La disparidad de fuerzas entre la pequeña nación judía y los distintos imperios que a lo largo del tiempo se apoderaron de ella era tal que, a menos que Yahveh les enviara legiones de ángeles, sería imposible que no solo se liberaran, sino que además pusieran a las naciones extranjeras bajo su dominio.

Eso no impidió que, a lo largo de la historia, aparecieran muchos caudillos militares que en su momento fueron considerados como mesías. El más famoso de ellos fue Bar Kojba, quien lideró la segunda revuelta judía en el año 132 d. C. Todos ellos fueron derrotados en poco tiempo y sus seguidores, muertos o dispersados.

La aparición en Judea de un personaje como Juan el Bautista, hacia el año 27 d. C., no llenaba las expectativas mesiánicas de la mayoría de los judíos de aquella época. Comía langostas y miel silvestre, se vestía con pieles de animales y predicaba un bautismo de penitencia. No reclutaba tropas, no hablaba contra el invasor y tan solo enseñaba cómo practicar la justicia y la caridad, característica más bien de los profetas de antaño.

Pese a ello y debido a la gran cantidad de gente que acudía a escucharlo, algunos se preguntaban y le preguntaban si él no sería Elías retornado a la Tierra o tal vez el Mesías esperado; Elías, según las Escrituras, no había muerto, sino que había sido arrebatado al cielo. Juan respondía en forma negativa, pero al mismo tiempo insinuaba que, en efecto, estaban llegando los tiempos mesiánicos.

Poco tiempo más tarde se supo que en Galilea había un tal Jesús que recorría los pueblos de la región con un pequeño grupo de discípulos, predicando la llegada de algo que él llamaba el Reino de Dios. Provenía de un poblado llamado Nazaret, que no tendría más de tres mil habitantes. No era hijo de un sacerdote, como Juan, sino de un simple artesano llamado José, profesión que él mismo habría seguido hasta cumplir los treinta años de edad. No había estudiado en ninguna escuela rabínica y sus estudios seguramente se limitaban a los que podía darle la pequeña sinagoga de su pueblo.

Al llegar a esa edad había partido a donde Juan, al otro lado del Jordán, y recibido el bautismo que este impartía. No se había quedado con él, sino que, al contrario, había tomado algunos de sus discípulos y se los había llevado de vuelta a Galilea. No regresó a Nazaret, sino que se instaló en Cafarnaum, a orillas del lago de Genezaret. La mayoría de los discípulos que reclutó eran pescadores de ese lago.

Galilea es una región de unos sesenta por cuarenta kilómetros, principalmente agrícola, en aquel entonces con solo un par de ciudades que merecían el nombre de tales: Séforis, cercana a Nazaret, y Tiberíades, también a orillas del lago mencionado. Ciudades con mucha influencia griega. No hay evidencia de que Jesús las haya visitado alguna vez. Galilea era vista en menos por los doctores de Jerusalén y, en cuanto a Nazaret, ni siquiera es mencionada en el Antiguo Testamento. Con estos antecedentes, no había ninguna posibilidad de que este Jesús pudiera tener alguna aspiración mesiánica.

Sin embargo, hay algo especial en Jesús de Nazaret. A diferencia de los maestros de la Ley, no basa sus enseñanzas en las Escrituras ni cita a los rabinos que le precedieron. Aunque sí hizo uso de ellas, a veces es para perfeccionarlas o aún corregirlas, como cuando da su parecer sobre la indisolubilidad del matrimonio.

A diferencia de los profetas de la antigüedad, él no atribuye sus palabras a Dios, sino que las pronuncia bajo su propia autoridad. No es que no hable de Dios, al que considera el padre de todos los hombres y, de manera muy especial, su propio padre. Su predicación promueve el Reino de Dios, pero no comienza sus discursos con las palabras «oráculo de Yahveh», como hacían antes los profetas. Incluso a veces tiene el atrevimiento de pronunciar frases del tipo «se os había dicho tal cosa..., pero yo os digo tal otra».

Hay más. No era raro que comience sus discursos con las palabras «yo soy», identificándose tanto con el buen pastor, con la vid o con el camino, la verdad y la vida. Ahora bien, «yo soy» en arameo suena muy parecido al sagrado nombre de Dios, Yahveh, quien, cuando Moisés se lo preguntó en la zarza ardiendo, habría respondido «yo soy el que soy». Entre los judíos no era lícito pronunciar este nombre, por lo que en las lecturas bíblicas lo reemplazaban siempre por Señor, en hebreo *Adonaí*, razón por la cual hoy no sabemos cuál era la pronunciación exacta de la palabra Yahveh.

Por si aún quedaba alguna duda de lo que pensaba Jesús de sí mismo, con frecuencia se le escuchaba decir a los que habían sido sanados por él que sus pecados les quedaban perdonados, algo que en la religión judía estaba reservado solo a Dios.

Todo esto debía ser muy inquietante para un judío devoto, incluso para aquel grupo de pescadores ignorantes. Tendría que haberles chocado esta persona que, con sus palabras, se ponía por encima de Moisés y de David. ¿Cómo es que no lo abandonaron, tomándolo por un loco o por un blasfemo? Ese es uno de los grandes misterios de la historia humana y tiene mucho que ver con el propósito de este libro, mostrar que no todo se puede explicar a partir de las ciencias naturales o sociales.

Los discípulos no solo no lo abandonaban, sino que su número crecía de forma constante, porque Jesús, además de predicar, actuaba. ¿De qué manera? Principalmente curando enfermos en todos los pueblos por los que pasaba, aunque también se decía que era capaz de darle órdenes a los vientos y que en un par de ocasiones había multiplicado de manera milagrosa la comida para alimentar a sus seguidores.

¿Es posible que un hombre del siglo XXI crea en milagros? Es que no nos queda otra opción. O Jesús hacía de verdad milagros o hubiera sido un milagro que sus discípulos creyeran en él. Es de destacar que sus enemigos también creían en la autenticidad de sus curaciones, aunque las atribuían ya sea a la magia o ya sea al poder de los demonios. Justamente sus curaciones en sábado fueron uno de los crímenes que se le imputaron a lo largo de su vida y en el juicio en que fue condenado a muerte.

Jesús de Nazaret tuvo muchas otras características especiales que, si bien no son imposibles de darse en una misma persona, su conjunción es bastante improbable. Su doctrina del amor, que llegaba incluso hasta los enemigos, o la proclamación de la felicidad de los que sufren son cosas que no existían en ninguna escuela filosófica ni era enseñado por alguna religión, al menos en Occidente.

Era notable su facilidad para relacionarse con todo tipo de personas, ya sean pecadores, pobres o incultos o, también, justos, ricos o letrados; a decir verdad, esta no era la actitud ni de los filósofos paganos ni de los fariseos y sacerdotes judíos, los que jamás se hubieran rebajado a juntarse con los del primer grupo.

Por último, quiero destacar su impresionante habilidad para componer sus enseñanzas en forma de parábolas fáciles de recordar. Es algo casi único en la antigüedad. Para los que han leído las numerosas epístolas de San Pablo, ¿alguna vez encontraron algo parecido, aunque sea remotamente, a una parábola? Lo mismo pasa con los demás autores cristianos de los primeros siglos, al igual que con la mayoría de los autores paganos.

El resultado es que cualquier cristiano medianamente instruido puede recitar al menos media docena de parábolas y, en cambio, si le preguntas por el contenido de alguna epístola, apuesto que no sabría ni por dónde empezar.

Con estos antecedentes fue algo bastante natural que sus discípulos lo empezaran a considerar como el Mesías. Es más, también empezaron a creer que tenía algún tipo de condición divina, a pesar de la insistencia de las Escrituras de que hay un solo Dios. Llevaron a eso los prodigios que llevaba a cabo, sus comportamientos propios solo de Dios y la intimidad con el Padre que se deducía de sus palabras.

Está claro que la aristocracia del Templo y la mayoría de los fariseos veían estas cosas como una terrible impiedad, una blasfemia abominable. El castigo, si de ellos dependiera, debería ser la muerte. Sin embargo, como estaban sujetos a la dominación romana, no podían decidir esto por sí solos. Finalmente encontraron la forma de perderlo por la asociación que existía entre el Mesías descendiente de David y la realeza. El que el pueblo llamara rey de Israel a un predicador, por humilde e inofensivo que fuera, no era algo tolerable para Roma. Fue por esto que el procurador Poncio Pilato tuvo que ceder a las presiones de los principales de los judíos y enviarlo al suplicio. Resultó que el Mesías triunfante de los profetas se había convertido en el siervo sufriente del libro de Isaías.

Una vez muerto y sepultado, ya no había más que decir. Como había dicho el sumo sacerdote Caifás: era necesario que muriera un solo hombre por la salud del pueblo. Sus discípulos, que habían esperado que Jesús usara sus poderes milagrosos para expulsar a los romanos, vieron que ni siquiera le habían servido para librarse de la muerte. ¿Qué podían hacer ellos ahora? ¿Quedarse en Jerusalén a riesgo de que les pasara lo mismo? No les quedaba otra cosa que volver a Galilea, retomar sus trabajos como pescadores o campesinos, juntarse a recordar a aquel maestro que les había dicho cosas tan bonitas, ver cómo poco a poco su existencia se iba borrando de la memoria de los hombres, como si nunca hubiera existido. ¡Fin de la historia!

Resurrección

¿Fin de la historia? Si la cosa hubiera acabado ahí, ¿qué hubiera quedado de Jesús de Nazaret? No es mucho el impacto que un hombre, por excepcional que sea, pueda hacer en un breve plazo no mayor de tres años. Seguramente habría un breve informe de Pilato al gobernador de Siria contándole la crucifixión de tres malhechores durante el consulado de M. Vinicius y C. Longinus (30 d. C.). También circularían algunas leyendas en los ambientes más humildes de Galilea. Quizás también algún documento en Jerusalén que difícilmente sobreviviría a la toma y destrucción de la ciudad unos cuarenta años más tarde. En fin, nada que perdurara más allá de un par de siglos.

Podemos tratar de imaginar cómo habría sido la evolución de Occidente en ese caso. ¿Habría caído Roma bajo el poder de los bárbaros? ¿Estos se habrían asimilado a la cultura vencida, como sucedió en gran medida gracias al cristianismo? ¿Quién habría trasmitido los conocimientos de la cultura clásica a través de los tiempos oscuros? ¿Oriente se habría impuesto a Occidente? ¿América sería descubierta por el Pacífico? ¿Habríamos tenido Renacimiento y revoluciones científicas, industriales y tecnológicas? ¿Tendríamos templos de Júpiter, Apolo, Mitra, Odín y sus respectivas familias esparcidos por nuestras ciudades? ¿Se seguirían masacrando miles de animales como sacrificio a esos dioses? Ciertamente que no existiría este libro al igual que tampoco su autor ni sus improbables lectores.

Pero sabemos que la cosa no acabó ahí. Al tercer día de la crucifixión unas piadosas mujeres fueron al sepulcro para brindarle las últimas honras fúnebres al cuerpo del crucificado. Encontraron la tumba abierta y que el cadáver ya no estaba.

Asustadas, corrieron donde estaban escondidos los discípulos para contarles que se habían llevado a su Maestro. En este caso tenemos el testimonio presencial de uno de ellos, el apóstol Juan, quien nos cuenta cómo él y Pedro corrieron hasta el sepulcro. Juan era mucho más joven y llegó primero, pero esperó a Pedro frente a la entrada, quizás por respeto, quizás por miedo de lo que se podrían encontrar. Entraron ambos y vieron en el suelo la mortaja que había cubierto el cuerpo y, en otro sitio, enrollado, el sudario que había cubierto el rostro desfigurado del crucificado. Recuerden estos detalles, porque cobrarán importancia en un capítulo posterior de este libro.

Nos cuenta Juan que en ese momento recordaron cómo Jesús les había dicho que, según la Escritura, el Mesías debía resucitar de entre los muertos y que, al ver la tumba vacía, creyeron. ¡El siervo doliente del libro de Isaías se había convertido en el mesías triunfante de los profetas!

A partir de ahí los textos del Nuevo Testamento nos relatan distintas apariciones de Jesús. Una a María Magdalena en el mismo huerto donde estaba el sepulcro, otra al apóstol Pedro, un par de veces a todos los apóstoles, también a su pariente Cleofás, que con otro discípulo se alejaban de Jerusalén el mismo día en que se descubrió la tumba vacía, incluso una vez a más de quinientos de sus seguidores y, por último, a un acérrimo perseguidor de los cristianos, Saulo de Tarso.

Es cierto que en estas apariciones algo ha cambiado en Jesús. No lo reconocen de inmediato, sino solo después de algún gesto o palabra. Llega a través de las puertas cerradas y desaparece con igual facilidad. Aunque come y acepta el contacto físico, es claro que su estado no es el mismo que antes de su muerte. Incluso el período durante el cual se producen las apariciones queda abierto en tres de los evangelistas. Solo Lucas le pone un punto final con el relato de la Ascensión, aunque sea él mismo quien incluya en sus *Hechos de los Apóstoles* la posterior aparición de Jesús a Saulo de Tarso, el futuro San Pablo, en el camino de Damasco.

Sin lugar a dudas en la resurrección hay algo misterioso, que incluso los creyentes no alcanzamos a comprender en toda su magnitud, pero aún el más escéptico debería de reconocer dos hechos: que el sepulcro fue hallado vacío y que los apóstoles creían firmemente que Jesús había resucitado. Nadie dedica su vida entera e incluso está dispuesto a morir por una patraña urdida para conservar la memoria de un fracasado. Algo grande debió suceder para que once galileos timoratos y poco instruidos salieran a los pocos días a decirle a los habitantes de Jerusalén que ese Jesús, cuya crucifixión muchos de ellos habían apoyado, en realidad había muerto por sus pecados y Dios lo había resucitado al tercer día, como él mismo había dicho.

La historia de Jesús de Nazaret no había terminado. Recién estaba empezando.

Los Nazarenos

La tradición de la Iglesia nos cuenta que no bastó la creencia en la resurrección para que los apóstoles se convirtieran en los confesores intrépidos que serían más adelante. Es cierto que con ella desapareció la impresión de fracaso de la misión de Jesús, pero no fue suficiente para estimularlos a ser los misioneros que debían llevar la buena nueva hasta los confines de la Tierra. No nos olvidemos que, durante el juicio de Jesús, la mayoría habían huido y de los dos que trataron de acompañarlo, Pedro lo había negado tres veces por cobardía.

Según la narración de Lucas en los *Hechos de los Apóstoles*, fue necesaria otra intervención divina para ponerlos en marcha: la infusión del Espíritu Santo en el día de Pentecostés. Si les cuento estas cosas no es para tratar de convencerlos de que Jesús es el hijo de Dios o de que el Espíritu Santo es una de las personas de la Santísima Trinidad. Mi único propósito es mostrar lo improbable que es que un grupo de galileos timoratos y de nivel cultural más bien bajo fueran capaces de iniciar un movimiento religioso que llegaría a cubrir los cinco continentes. Esto es algo tan increíble que nos obliga a pensar en causas que están más allá de este mundo material.

A partir de ese momento los apóstoles salieron a anunciar a los habitantes de Jerusalén que al mismo Jesús cuya condena muchos de ellos habían apoyado, Dios lo había resucitado, mostrando con eso que era el Mesías, hijo de David, prometido en las Escrituras. Muchos creyeron y recibieron el bautismo, dándose así inicio a una nueva religión, la de los seguidores de Jesús de Nazaret. Los jefes de los judíos intentaron detener el movimiento, advirtiéndoles a los apóstoles que cesaran de decir estas cosas, pero no pudieron producir la única evidencia que hubiera demostrado que el anuncio era falso: el cadáver del crucificado.

Al principio los apóstoles intentaron administrar la comunidad de la misma forma en que lo hacían cuando acompañaban a Jesús, ingresando los dineros que recibían a una bolsa común y tomando de ella para los gastos de manutención. Pero la cosa no resultó fácil ya que el grupo había crecido mucho; hubo quejas de parte de los judíos de habla griega, porque sus viudas no eran atendidas de forma adecuada.

Nombraron entonces a siete diáconos, todos con nombre griego, para que los ayudaran con esas tareas. Estos también predicaban en las sinagogas donde se usaba ese idioma, ya que seguramente los apóstoles, todos galileos, solo hablarían bien el arameo. El centro de aquella predicación era la superioridad de Jesús sobre el templo y la ley de Moisés. En griego se referían a Jesús como el *Kyrios*, es decir el Señor. Tal vez algún contemporáneo mío recuerde el *Kyrie eleison* de las misas en latín. Pues bien, esta era la palabra griega que se usaba para traducir el término hebreo *Adonaí*, que los judíos utilizaban para no tener que pronunciar el sagrado nombre de Yahveh.

Esto generó un revuelo entre los que concurrían a estas sinagogas, quienes consideraban que se le estaban tributando a Jesús honores divinos, lo que no era para nada admisible. Llevaron al más ferviente de los diáconos ante las autoridades judías, las que, indignadas al oírlo, ordenaron en forma ilegal su lapidación. Solo dos o tres años después de la crucifixión la nueva religión ya tenía su primer mártir, el diácono Esteban.

Lucas también nos cuenta que un joven fariseo, oriundo del Asia Menor, cuidaba las ropas de los que arrojaban las piedras. Era Saulo de Tarso, quien a partir de ese momento se puso a disposición de los jefes de los judíos para identificar y encarcelar a los seguidores del profeta de Nazaret.

Se inició entonces una persecución, en especial contra los judíos de habla griega que creían en Jesús, lo que provocó su dispersión a las regiones vecinas, anunciando la buena noticia no solo a los judíos que vivían en ellas sino también a los paganos. Lo que hasta entonces era un fenómeno puramente judío, empezaba a convertirse en algo universal.

Justamente ese ha sido el problema del judaísmo a lo largo de sus tres mil años de historia. Una vez que entendieron que Yahveh no solo era el dios propio de los hebreos sino el único Dios verdadero, lo lógico hubiera sido que trataran de propagar su culto a todos los demás pueblos. Sin embargo, prácticamente no hubo logros en ese sentido, salvo unos pocos conversos a los que se les exigió adoptar todas las costumbres particulares del pueblo judío. La causa habría sido que les dieron sentido religioso a esas costumbres, que en realidad eran solo preceptos de tipo higiénico de aquel pueblo hebreo nómade de principios del primer milenio a. C., sin enfocarse en lo que era de verdad importante: el Decálogo y las enseñanzas de los profetas.

Como tan bien lo iba a expresar Jesús, lo que hace impuro el corazón del hombre no es lo que entra por su boca sino lo que sale de ella. Este tema también fue objeto de controversia entre los primeros seguidores del Nazareno y solo fue resuelto por los apóstoles unos quince años más tarde, quedando los conversos del paganismo excluidos de las obligaciones rituales del judaísmo.

Otro cambio significativo de la nueva religión fue el reemplazo de los sacrificios de animales por una comida en común donde se repetía lo que había hecho su maestro la noche antes de su pasión. Este, luego de bendecir el pan y el vino, se los había repartido, diciéndoles que ahora eran su cuerpo y su sangre, pidiéndoles además que repitieran este acto en su memoria. ¿Locura total o inspiración divina?

En cualquiera de los casos, algo absolutamente genial, ya que con este simple gesto dio comienzo al fin de esa primitiva costumbre de masacrar animales para satisfacer a los dioses. ¿Hay alguien en toda la historia de la humanidad que haya provocado un cambio de comportamiento tan grande, solo con unas pocas palabras en una comida entre amigos?

La nueva religión ya había llegado a la ciudad de Antioquía, la antigua capital de los reyes seléucidas, herederos de la parte asiática del reino de Alejandro Magno. Esta ciudad era la tercera en importancia del Imperio romano, después de la misma Roma y de Alejandría en Egipto. Era la capital de la provincia romana de Siria, que incluía el país que hoy lleva ese nombre junto con la Palestina y el actual reino de Jordania. Se trataba de una ciudad que era del todo griega, por lo que los primeros conversos que llegaron a ella no hablaban del Mesías, sino de su equivalente griego, el Cristo, es decir el Ungido.

Fue allí donde surgió por primera vez el nombre de cristianos, con el que finalmente se conoció la nueva religión. El grupo original de habla aramea era conocido hasta entonces como los Nazarenos, nombre que se mantuvo durante algunos siglos para los judíos seguidores de Jesús, que aún conservaban algunos de los preceptos de sus antepasados, incluyendo la circuncisión.

También había llegado la predicación a Damasco, una de las ciudades más antiguas del mundo, de lengua aramea, actualmente la capital de la república de Siria. A ella fue enviado Saulo de Tarso con cartas de los jefes de los judíos en Jerusalén para sus pares en Damasco, con el propósito de iniciar la persecución hacia los cristianos en esa ciudad. Pero aquí, como nunca, se dio cumplimiento a aquel antiguo refrán: «el hombre propone, pero Dios dispone».

Algo muy extraño sucedió en el camino de Damasco, convirtiendo de repente al cruel perseguidor en el más eficaz propagador de la nueva religión. Aquí no se trata de una leyenda inventada muchos años después, ya que nos es contada en detalle por el evangelista Lucas, compañero de Saulo en sus posteriores viajes apostólicos, y por el mismo Saulo en alguna de sus cartas.

La conversión de Saulo, el futuro apóstol Pablo, es completamente inexplicable. No sé de ningún otro caso en que alguien a quien hoy llamaríamos un represor se convierta de manera repentina en el más eficaz propagador de aquello que perseguía encarnizadamente, solo porque se imaginó que se le había aparecido alguien que había muerto varios años antes. La única explicación que encuentro es que la difusión de la nueva religión en el mundo pagano necesitaba de un apóstol con sus características, alguien que no existía en el ambiente rural de Galilea, en donde Jesús había reclutado a sus discípulos.

Saulo había nacido en una ciudad de habla griega, Tarso, capital de Cicilia, en la costa sur del Asia Menor. Era fariseo y había sido discípulo de los principales maestros de la Ley, conociendo en profundidad tanto la religión judía como la filosofía griega. Por último, era ciudadano romano desde su nacimiento, lo que le permitía desplazarse por todo el imperio sin ningún tipo de restricción. Así como fue necesaria una Resurrección y un Pentecostés para convertir a los discípulos de Jesús en apóstoles, hizo falta una aparición adicional del Resucitado para complementar al grupo con un nuevo apóstol que facilitara la propagación de la nueva religión en el mundo griego y romano.

Sé que lo anterior será muy difícil de creer para aquellos de mis lectores que provengan de un ambiente racionalista, pero les aseguro que es mucho más irracional creer que todo esto sucedió sin Resurrección, sin Pentecostés y sin aquella aparición en el camino de Damasco.

Saulo inició su carrera misionera en las sinagogas de Damasco. Perseguido por los judíos de esa ciudad, tuvo que huir a Jerusalén, siendo recibido con natural desconfianza por los cristianos que conocían sus antecedentes. Predicó en las sinagogas de habla griega, provocando otra vez el rechazo de los judíos de esa procedencia, los que intentaban matarlo. Finalmente se le recomendó que, por el momento, se retirara a Tarso.

Los años que siguieron fueron de relativa paz para los nazarenos. El problema para los apóstoles era cómo llevar el mensaje de Jesús a los gentiles, a causa de las trabas que imponía la ley de Moisés para relacionarse con ellos. Un judío que comía en casa de un no judío era considerado impuro y debía ser rechazado por los demás. Incluso Pedro, el jefe de los apóstoles, vacilaba si debía ir a la casa de un centurión romano que quería ser instruido en la nueva religión.

Lucas nos cuenta cómo terminó siendo convencido mediante una visión en la que se le aparecía un mantel cubierto con todo tipo de animales, mientras una voz le decía «mata y come». Cuando Pedro se quiso rehusar, alegando que muchos de esos animales eran impuros, la voz le respondió «lo que Dios ha purificado no lo llames tú impuro». Visión o no, lo cierto es que Pedro entró en la casa del pagano y bautizó a toda su familia.

La tranquilidad se terminó cuando en el año 37 d. C. murió el emperador Tiberio César. Su sucesor, Calígula, era amigo de Agripa, un descendiente de Herodes que vivía en Roma. Cuando Calígula asumió el imperio, lo nombró rey de los territorios que había gobernado su antepasado. Al llegar a Jerusalén, quiso congraciarse con los judíos matando al apóstol Santiago, hermano de Juan. También encarceló a Pedro, con la misma intención, pero este logró escapar de la cárcel de una forma misteriosa que ni él mismo pudo explicar. Afortunadamente Agripa murió al poco tiempo y el gobierno volvió a ser ejercido por los procuradores romanos.

Fue seguramente a partir de ese momento que los apóstoles dejaron Jerusalén para ir a convertir a sus hermanos judíos. Tenemos muy poca información del destino de cada uno, tan solo tradiciones posteriores que dan muy pocos detalles. Algunas de estas indican que Pedro predicó un tiempo en Antioquía para luego dirigirse a Roma en tiempos del emperador Claudio, hacia el año 50 d. C., probablemente después de misionar en las regiones septentrionales del Asia Menor, las que son destinatarias de la epístola escrita por él desde Roma que hoy forma parte del Nuevo Testamento.

Su hermano Andrés habría evangelizado el país de los escitas, alrededor de la península de Crimea. Juan el evangelista se instaló en Éfeso, en la costa del mar Egeo, que hoy pertenece a Turquía. Posiblemente María, la madre de Jesús, lo acompañó allí. De los otros apóstoles, algunos se movilizaron hacia el oriente, llegando incluso hasta la India, mientras que otros se dirigieron al sur cubriendo Egipto y Etiopía.

La predicación aún se dirigía principalmente a los judíos. En el próximo capítulo veremos cómo fue que se plantaron las bases de una religión verdaderamente universal , independiente de la raza, el sexo o la condición social de sus miembros. Esa resultó ser la vocación particular de Saulo de Tarso.

La buena nueva

Hubo otro factor determinante necesario para la propagación de la nueva religión. Tal vez muchos se hayan preguntado por qué Jesús de Nazaret apareció justo en esa fecha y no quinientos años antes o después. Si Dios quería enviar a un redentor al mundo, lo lógico hubiera sido que lo hiciera lo antes posible. Sin embargo, las condiciones que realmente eran favorables para la predicación solo se dieron con la Pax Romana que estableció el emperador Augusto.

Esta puso a disposición de los misioneros una vasta red de excelentes caminos y también una lengua común, el griego, usada en toda la parte oriental del imperio y también con presencia en la propia Roma y el sur de Italia. Por otro lado, las sinagogas establecidas en todas partes fueron el punto de entrada por donde podían empezar su predicación; aunque no siempre terminaran siendo bien recibidos por los judíos, la noticia se esparcía con rapidez entre la comunidad de los paganos.

También tuvo importancia el desarrollo de la filosofía griega, que les permitió expresar nuevos conceptos que iban más allá de las posibilidades de las lenguas semíticas. No sería entonces una coincidencia el que Jesús haya nacido en tiempos del emperador Augusto, ni que haya comenzado su predicación en el año 15 de su sucesor Tiberio. ¿Sería, entonces, parte de un plan diseñado por alguien más allá de este mundo material? Veamos, entonces, si se cumple el resto del plan.

No crean que con esto bastaba para asegurar el éxito. El combate era muy desigual. Por un lado, el Imperio romano que se extendía por el norte hasta el Rin y el Danubio, hacia el sur estaba limitado por los desiertos del Sahara y de Arabia, del lado del oriente llegaba hasta el Cáucaso y el río Éufrates y por el poniente solo terminaba en las aguas del Atlántico. Su población se estima en unos sesenta millones de habitantes. Tenía un ejército permanente de unos 300.000 hombres. En cada ciudad había innumerables templos y cofradías de sacerdotes, donde se adoraban a los dioses locales y también a los del imperio.

A la cabeza de toda esta organización estaba el emperador, al que fuera de Italia se le tributaban honores divinos. Una vez muerto, el Senado lo declaraba como un dios, si es que había gobernado de manera razonable o también si su sucesor insistía en ello. Por último, existía un antiguo decreto del Senado que prohibía la introducción de nuevos dioses sin su aprobación.

¿Frente a esto qué tenemos? Doce apóstoles galileos, la mayoría de los cuales provenían de un ambiente rural. A ellos se sumó un fariseo de mayor cultura, que había sido convertido a la nueva fe de manera bastante misteriosa. Estaban rodeados de un pequeño grupo de discípulos entusiastas, algunos de los cuales habían conocido a Jesús. ¿Eso es todo? No, también tenían los recuerdos de los tres años que habían pasado junto al Maestro antes de su crucifixión, los que recién entonces empezaban a ponerse por escrito. ¿Quieren que siga? Si yo estuviera escribiendo un libro de ciencia ficción y les describiera esta situación, ¿qué pensarían ustedes?

—¡Cómo! ¿Ahora el autor nos va a hacer creer que este grupito venció a aquel imperio? ¿David contra Goliat elevado a la enésima potencia? ¿Rambo contra todos? ¡Por favor! ¡Una cosa es escribir ciencia ficción y otra que nos tomen por idiotas!

—Bueno, discúlpenme, pero no me va a quedar más remedio que hacerlo, porque eso fue lo que realmente pasó.

En realidad, tenemos muy pocos detalles de cómo fue que sucedió. Para el avance de la nueva religión durante el siglo I d. C. solo contamos con la narración del evangelista Lucas en el libro de los *Hechos de los Apóstoles*. Luego de hablarnos de los orígenes de la comunidad cristiana, que recorrimos en los capítulos anteriores, en su segunda mitad el libro solo nos relata los viajes misioneros de Saulo de Tarso, que a partir de entonces únicamente usó su nombre romano: Pablo.

El relato cubre tan solo el período entre los años 45 y 63 d. C. Como a partir del año 49 Lucas acompañó al apóstol, la información que encontramos allí es de primera mano. En estos viajes, Pablo recorrió Chipre, el sudoeste de Asia Menor, Macedonia y Grecia, predicando en las sinagogas y, después, en lugares públicos. En cada ciudad por donde pasaba dejaba comunidades organizadas a cargo de los de mayor edad, llamados presbíteros en lengua griega.

El libro incluye referencias ocasionales a otros misioneros que actuaban de forma independiente o coordinada con el grupo de Pablo. Vemos en esa función a Bernabé, compañero y mentor de Pablo en su primer viaje; a Juan Marcos, el autor del segundo Evangelio, y a un misterioso judío de Alejandría llamado Apolo, nombre muy poco apropiado para un misionero cristiano. La importancia de este último fue tal, sin embargo, que en una carta de Pablo a una de las comunidades les reprocha que estén divididos entre los partidarios de Pedro, Apolo, Pablo y Cristo, casi como si todos fueran considerados en un mismo plano.

El libro de los *Hechos de los Apóstoles* continúa con el relato de la detención de Pablo en Jerusalén por instigación de los judíos, su apelación para ser juzgado en Roma por su condición de ciudadano romano y su azaroso viaje por barco a Italia, digno de una novela de Julio Verne. Se embarcaron primero en un navío que iba en dirección a la costa de Asia Menor. Navegaban lentamente, porque los vientos no eran favorables.

Costearon la isla de Chipre y por fin llegaron a un puerto de Licia, donde transbordaron a un barco alejandrino que pretendía llegar a Roma. Partieron hacia Creta, pero como el viento seguía contrario y el otoño ya estaba avanzado, decidieron invernar en esa isla. Sin embargo, mientras buscaban un puerto adecuado, se desencadenó una terrible tormenta que los lanzó a la deriva, con gran peligro de zozobrar.

Para aligerar la nave tiraron por la borda todo lo que pudieron, incluyendo los aparejos. Durante catorce días fueron arrastrados por la tormenta y, cuando ya perdían toda esperanza, se dieron cuenta de que estaban próximos a tierra. Encallaron cerca de ella y pudieron alcanzar la costa a nado, sin que se perdiera nadie de la tripulación. Habían llegado a la pequeña isla de Malta, entre Túnez y Sicilia, a unos mil kilómetros de su punto de partida.

Amigos lectores, les ruego que tomen un mapa del Mediterráneo y evalúen cuál era la probabilidad de salvarse en esas condiciones. Imagínense las consecuencias si hubieran perecido. Lucas no habría escrito ni su Evangelio ni tampoco los *Hechos de los Apóstoles*. Prácticamente no sabríamos nada de todo lo que sucedió entre el momento en que los apóstoles se convencieron de que Jesús había resucitado y casi un siglo más tarde, en que la literatura pagana empieza a reconocer que hay cristianos en todos los rincones del imperio.

En cuanto a Pablo, solo tendríamos de él sus cartas de hondo contenido teológico, pero sin entender nada de su contexto histórico. Para seguir con el tema de este libro, es probable que debamos agradecer a Dios el que se hayan salvado, porque si no tendríamos a todos los historiadores devanándose los sesos para entender cómo se había desarrollado el cristianismo en un inicio.

Se quedaron en la isla durante unos tres meses hasta que volvió la estación apta para la navegación. Pablo aprovechó para curar a los enfermos del lugar y seguramente también para convertir a montones de isleños. Al final encontraron otro barco que los llevó a Italia, esta vez sin contratiempos. Permaneció en Roma durante dos años en una especie de arresto domiciliario. El relato de Lucas termina allí, probablemente con Pablo liberado y dispuesto a nuevos viajes.

Los otros escritos del Nuevo Testamento que tenemos no nos dicen casi nada de cómo se desarrolló la evangelización. Los temas centrales son las relaciones con el judaísmo, la próxima vuelta de Jesús y, sobre todo, la relación de este con Dios y con la humanidad. La noción de que Cristo era de condición divina no era en absoluto compatible con la idea del Dios único que enseñaba el Antiguo Testamento. Además, era difícil de entender que alguien de esa condición pudiera nacer en un pesebre, vivir pobremente y morir como un malhechor en medio de atroces sufrimientos.

También estaba el tema del Espíritu Santo, al que Jesús se refería como una persona distinta de su Padre y cuyo nombre había sido puesto a continuación del nombre del Padre y del Hijo en la fórmula de bautismo que había indicado a sus discípulos antes de su partida. Señalo estos puntos para que mis lectores vean lo improbable que fue que un grupo de judíos devotos experimentaran un cambio tan radical en su forma de pensar, a menos de que algo de verdad extraordinario los haya forzado a hacerlo.

No fue este el problema más inmediato que encontraron los misioneros. Como comenzaban su predicación por las sinagogas, lo normal era que un grupo mayoritario de los judíos se escandalizaban e intervenían con las autoridades para que los silenciaran. Aunque estas no entendían los argumentos de tipo teológico que les daban, sí querían evitar los disturbios, por lo que no era raro que encarcelaran y expulsaran a los predicadores.

También encontraron resistencia entre los paganos en aquellos casos como en Éfeso, en donde la evangelización fue tan exitosa que afectó el negocio de los numerosos orfebres de la ciudad, quienes vendían a los peregrinos pequeñas réplicas del gran templo de Diana, una de las maravillas del mundo antiguo. No podían ellos imaginarse que siglos más tarde habría un negocio aún mayor relacionado con los templos y símbolos de la cristiandad.

En ese primer período los romanos eran neutrales, o más bien favorables a los cristianos. Como no simpatizaban mucho con los judíos, sus quejas no los impresionaban demasiado. De esa época solo tenemos un comentario de Suetonio, el autor de *Las vidas de los doce Césares*, quien en su biografía del emperador Claudio comenta que en este tiempo hubo disturbios entre los judíos de Roma por causa de un tal Cresto, como resultado de lo cual estos fueron expulsados de la ciudad.

Esta situación duró hasta el gran incendio de Roma del año 64, que consumió la mayor parte de la ciudad. El historiador

Tácito nos cuenta que corrió el rumor de que el incendio había sido instigado por el propio emperador Nerón, quien habría sido visto cantando en su palacio mientras comparaba el espectáculo con la destrucción de Troya, narrada por Homero. Para mejorar su imagen Nerón buscó un chivo expiatorio, encontrándolo en la numerosa comunidad cristiana que había en Roma, la que era vista con desconfianza por sus conciudadanos. Acusados de haber comenzado el fuego, los condenó a morir en el circo, destrozados por las fieras o convertidos en antorchas humanas. A partir de entonces el cristianismo fue considerado fuera de la ley.

Al inicio la persecución se dirigía solo a las figuras principales de la nueva religión. Así vemos cómo hacia el año 67 fueron ejecutados Pedro y Pablo, el primero, según la tradición, en una cruz invertida; el segundo decapitado por ser ciudadano romano. No sabemos casi nada de la situación en los años siguientes, aunque podemos suponer que hubo persecuciones locales en base a denuncias o animosidades personales. Pero poco a poco las escaramuzas iniciales contra la nueva religión se fueron convirtiendo en una batalla frontal.

Mártires

La tiranía de Nerón no duró mucho más. Al año siguiente, abandonado por las legiones, fue declarado enemigo público por el Senado, lo que terminó con su suicidio, ayudado por uno de sus esclavos. Rápidamente se anularon la mayoría de sus ordenanzas crueles o también ridículas, pero hubo una que se mantuvo vigente por dos siglos y medio: *non licet esse christianos*, es decir, no es lícito ser cristiano. No era que se castigaran los actos malvados que muchos atribuían a los cristianos. No, lo que se castigaba era el hecho mismo de ser cristiano.

¿Cómo se sabía si alguien era cristiano? Muy fácil: se le preguntaba si era cristiano. Si decía que no, se le pedía que sacrificara al genio del emperador y que insultara a Cristo. Si lo hacía, quedaba libre, sin más trámite. Si confesaba ser cristiano se le amenazaba con las peores torturas seguidas de la ejecución. Si flaqueaba, declaraba que ya no iba a ser cristiano en el futuro y pasaba las otras pruebas, también quedaba libre. ¿Han visto procedimiento judicial más absurdo?

Es como si hoy le preguntáramos a un asesino «¿eres asesino?». ¡Si dice que no y asegura que no lo será en el futuro, queda libre! Es decir que nadie se preocupaba de probar los crímenes atribuidos a los cristianos que estos habrían cometido en su vida anterior, muchos de los cuales hubieran sido punibles con la pena capital. De los cristianos decían que practicaban la magia y la brujería, e incluso que mataban recién nacidos y se los comían en un banquete ritual. Pero nada de eso importaba si al final el acusado declaraba que ya no era más cristiano.

No sabemos casi nada de cómo se aplicó el edicto de Nerón en los cuarenta años que siguieron a su muerte y no es que no hayan pasado cosas en ese intervalo. A la muerte de Nerón hubo una guerra civil en Roma, con tres emperadores en menos de un año. Al final tomó el poder Vespasiano, el general que estaba a cargo de la llamada Guerra Judía, que terminó con la destrucción de Jerusalén bajo el comando de su hijo Tito. Esta guerra fue narrada por el judío Flavio Josefo, quien en sus comentarios hace breves referencias a Juan el Bautista, a Jesús de Nazaret y al asesinato de Santiago el Justo, obispo de Jerusalén, por los dirigentes judíos.

Durante los reinados de Vespasiano, Tito y los comienzos del de su otro hijo, Domiciano, seguramente no hubo mayores persecuciones contra los cristianos, ya que ellos sabían que estos no habían formado parte de la revuelta judía. Pero a fines del reinado de Domiciano, que ya se había convertido en tiranía, hubo ejecuciones dentro de la familia imperial por prácticas judías que posiblemente se refieran a la conversión al cristianismo de algunos de ellos.

Las primeras noticias concretas sobre la persecución a los cristianos ocurrieron bajo el emperador Trajano, curiosamente uno de los mejores emperadores, según el criterio de todos los historiadores. En el año 107 Ignacio, obispo de Antioquía desde el año 70, fue acusado de cristiano y seleccionado para ser llevado a Roma y ejecutado en el circo como malhechor ilustre, honor al que, claro está, no cualquier cristiano podía aspirar. En su largo camino a Roma, Ignacio escribió cartas a las comunidades cristianas de Asia Menor que encontraba a su paso y otra a la de los romanos, pidiéndoles que no hagan nada para evitar su ejecución, ya que para Ignacio la mejor forma de imitar a Cristo era morir también como Él.

No sabemos si fue Ignacio quien inauguró la serie de mártires ejecutados en el Coliseo, ya que este, cuyo nombre oficial era Anfiteatro Flavio, no existía en tiempos de Nerón, por lo que los mártires de su reinado no murieron allí. Pero aquel tirano sí tuvo que ver con su nombre actual porque, junto al sitio donde este se iba a construir, él hizo levantar una estatua de sí mismo gigantesca, colosal, a la que después de su muerte le cambiaron la cabeza por otra del dios Sol. Era llamada *colosseo* por los romanos, de donde se derivó la forma en que hoy lo llamamos.

La siguiente información que tenemos del trato de los cristianos en tiempos de Trajano proviene nada menos que de un hombre de letras, Plinio el Joven, y del mismísimo emperador. La principal contribución de Plinio a la literatura es su gran colección de cartas literarias a sus amigos y conocidos, escritas con la evidente intención de ser publicadas. Por fortuna, cuando se hizo la edición final de sus cartas el editor incluyó como último libro las cartas de trabajo intercambiadas durante el año 112 entre Plinio y Trajano, cuando el primero era gobernador de Bitinia, remota provincia a orillas del Mar Negro. En una de ellas Plinio pregunta cómo debe ser tratado el asunto de los cristianos.

Hasta el momento él procedía como ya hemos dicho: si el acusado se retractaba y decía que ya no era cristiano, se lo liberaba sin más, de lo contrario se lo ejecutaba. Pero no se conformaba con eso e intentaba investigar cuál era el real comportamiento de los cristianos. Lo que averiguó es que se reunían un día a la semana para intercambiar cánticos en honor a Cristo, como si fuera un dios, y que se juramentaban no para algún propósito criminal, sino para abstenerse de latrocinios y adulterios, para no faltar a la verdad y para no negarse a devolver un préstamo cuando correspondiera. Más tarde se reunían para una comida de naturaleza inofensiva. En suma, nada más que una superstición depravada llevada hasta extremos extravagantes.

Plinio estaba preocupado por la cantidad de adherentes a este culto, no solo en las ciudades, sino también en los campos. Si actuaba contra todos ellos iba a ser una verdadera masacre. Sin embargo, no le parecía mal ejecutarlos cuando insistían en sus creencias, no tanto por su comportamiento sino por su terquedad y obstinación.

La respuesta de Trajano es un modelo de ambigüedad digno de los políticos actuales. Los cristianos no debían ser buscados por la justicia, pero si se presentan al tribunal debían de ser castigados de acuerdo con el procedimiento que ya mencionamos. ¡Una lavada de manos en la mejor escuela de Poncio Pilato!

Este intercambio epistolar nos permite inferir lo masiva que era la persecución solo 80 años después de la muerte de Jesús. Si así actuaba un pacífico noble romano lleno de buenas intenciones, apoyado por el mejor de los emperadores, podemos imaginarnos la situación en otros lugares a cargo de funcionarios menos ilustrados y quizás corruptos. Por otra parte, ¿qué es lo que alimentaba el coraje de aquellos cristianos, humildes en su mayoría, que preferían enfrentar las peores torturas y la muerte antes que hablar mal de Jesucristo? ¿Haría alguien algo así en nuestros tiempos por Trump, Fidel Castro, Maduro, Putin o cualquiera de los líderes modernos? Pero las persecuciones recién estaban comenzando. Vendrían tiempos peores.

En el siglo II los cristianos ya reconocen que la segunda venida de Cristo no es algo inmediato, por lo que empiezan a pensar en la posteridad mediante diversos tipos de escritos. Contamos con varias de las llamadas Apologías, mensajes dirigidos a las autoridades defendiendo sus creencias y lo injusto de las persecuciones. También empieza la literatura cristiana propiamente dicha, donde, por desgracia, el foco principal es atacar a los grupos heréticos más que destacar la acción apostólica de los cristianos ortodoxos. En consecuencia, sabemos más de los iniciadores de cada herejía que de los que las combatieron. Junto con estos aparecen numerosos relatos de martirios que dan testimonio de la firmeza de los cristianos de aquellos tiempos ante la muerte en medio de atroces sufrimientos. Algunos relatos tienen visos de leyenda, pero otros son tan solo las transcripciones oficiales del respectivo proceso.

A lo largo del resto del siglo II la persecución fue intermitente pero no por eso menos cruel, dependiendo del humor de los respectivos emperadores. En ese período tenemos relatos de mártires en Roma, Cartago, Lyon, Alejandría y Éfeso. Seguir el diálogo entre el magistrado romano y los cristianos sometidos a proceso es realmente penoso. En algunos de los jueces se nota la lucha interna entre la obligación de cumplir la ley y su compasión por los que él ve como unos pobres infelices, muchos de ellos ancianos, jóvenes madres e incluso adolescentes; pero no tenía salida.

Si el acusado insistía en ser cristiano debe ser torturado hasta que cambie de opinión o de lo contrario sea ejecutado. También sucede que en medio del proceso alguno de los espectadores se declare cristiano y se convierta en procesado. Lo peor es que la mayoría muere con expresiones de absoluta felicidad en su rostro. Como dijo el apologista Tertuliano, la sangre de los mártires es la semilla de nuevos cristianos.

¿Cómo los veían los paganos de esa época? Según el mismo Tertuliano, decían «ved cómo se aman los unos a los otros». Pero contamos con un testimonio mucho más imparcial. Hablamos del cínico Luciano de Samosata, célebre por sus corrosivas sátiras contra los dioses del mundo griego. En uno de sus libros narra la historia del filósofo Peregrino, un charlatán que inició su carrera asesinando a su padre y la terminó suicidándose de forma espectacular durante uno de los Juegos Olímpicos, al arrojarse a una hoguera a la vista del público reunido de todos los confines de Grecia.

En alguna etapa de su carrera se hizo cristiano. En cierto momento, Peregrino fue arrestado y enviado a prisión. Cuenta Luciano que de inmediato los cristianos acudieron en su defensa. Desde el amanecer huérfanos y viudas desfilaban alrededor de la cárcel, intentaban sobornar a los carceleros, le llevaban comidas exquisitas, leían junto a él los libros sagrados. Se referían a él como si fuera un nuevo Sócrates.

Según Luciano, era increíble cómo los cristianos se movilizaban en favor de cualquiera de ellos que se viese afectado. El fin de la historia es que Peregrino se enriqueció con el dinero de los cristianos, fue liberado por un gobernador aficionado a la filosofía y se fue a otro país, abandonando su credo por alguna otra secta de moda.

Durante el siguiente siglo hubo algunos períodos de paz bajo el gobierno de emperadores que toleraban y hasta simpatizaban con el cristianismo, interrumpidos por breves y violentas persecuciones. La peor fue durante el reinado del emperador Decio, entre los años 249 y 251. Este, junto a establecer castigos contra los gobernadores que se mostraran blandos con los cristianos, ideó nuevas formas de torturas prolongadas, dilatando todo lo posible la muerte del procesado para darle mayor oportunidad de convertirse. Muchos resistieron hasta el final, pero aún más fueron los que no pudieron soportar el dolor y fingieron adorar a los dioses paganos.

Los cristianos se habían aburguesado y ya no eran tan firmes como los de los primeros tiempos. Hubo discusiones en la

Iglesia acerca de si debían ser aceptados de nuevo. Al final ganó el partido del perdón, siempre que hicieran pública penitencia.

La última gran persecución se inició bajo el reinado de Diocleciano, el emperador que reorganizó el imperio en la llamada tetrarquía, donde, para facilitar su gobierno, este fue dividido en cuatro partes a cargo de dos augustos y dos césares. La persecución comenzó en el año 286, cuando su colega Maximiano Hercúleo ordenó exterminar a una legión de soldados formada íntegramente por cristianos, cuando estos se negaron a rendir honores a los dioses.

La situación fue empeorando poco a poco hasta que en el año 303 Diocleciano emitió un edicto por el cual los cristianos debían ser privados de los cargos públicos, sus iglesias destruidas y quemados sus libros sagrados. En poco tiempo esto se convirtió en la obligación de dar culto a los ídolos so pena de torturas y muerte. Los suplicios eran atroces.

En uno de los relatos que nos han llegado, el gobernador les transmitió a los mártires las instrucciones recibidas directamente de Diocleciano:

Nuestros príncipes os ordenan sacrificar a los dioses, quemar incienso y verter vino ante Zeus, que está ante vuestros ojos. Si os negáis, tengo orden de poneros sobre una parrilla ardiente y sobre planchas de hierro incandescentes; os haré golpear hasta que vuestra carne se desprenda de vuestros huesos; os haré desgarrar con peines de hierro hasta que se vean vuestros pulmones. Me ordenan calentar bolas de plomo y que las ponga en vuestras axilas hasta que el fuego devore vuestros cuerpos. Debo haceros descoyuntar hasta arrancaros vuestros brazos. Os haré colgar de los pies. Otros suplicios todavía más crueles os esperan por orden del emperador para que, por las buenas o por las malas, cumpláis su voluntad.

La persecución se prolongó en estos términos hasta el año 313, incluso en el reinado de los sucesores de Diocleciano, que se había retirado por voluntad propia. Por último en aquel año culminó una guerra civil de la que salió triunfante Constantino, que había heredado el gobierno de Galia y Bretaña de su padre, el césar Constancio. Constantino atribuyó su victoria al haber usado un símbolo cristiano en su bandera, tal como le habría sido ordenado en una visión. Convenció a su colega Licinio y emitieron un edicto de tolerancia religiosa que dio fin a la persecución.

En resumen, durante más de doscientos cincuenta años el Imperio romano hizo lo posible para aniquilar el cristianismo, usando las medidas más extremas, que incluso avergonzarían a los peores tiranos de los tiempos modernos. El resultado fue que pocos años después de la última fecha mencionada, el imperio se convirtió en un Imperio cristiano. ¿Lo encuentran lógico?

Luces y sombras

Para usar una expresión popular, hasta ahora al cristianismo le había tocado bailar con la fea. A partir del triunfo de Constantino, le tocaría la mayor parte del tiempo bailar con la linda. No sé si ustedes aún bailan, en mis tiempos mozos bailar con la fea no era lo más agradable que te podía pasar, pero al menos nadie te la disputaba. En cambio, cuando te tocaba la linda todos los buitres te estaban mirando y no te atrevías ni a ir a buscar un trago, porque era muy posible que, al volver, ya estaría en brazos de otro.

Lo mismo le pasó a la Iglesia. Mientras ser cristiano fue algo peligroso, los que lo eran estaban comprometidos absolutamente con su fe. Desde el momento en que ya no había riesgo de ser cristiano y después, cuando el emperador Teodosio prohibió el paganismo e intentó convertir el cristianismo en religión de estado, las ventajas materiales de ser cristiano se hacían evidentes. Como resultado se multiplicó el número de cristianos, pero disminuyó su calidad. Esto también se vio en los niveles jerárquicos de la Iglesia, donde el premio por ser obispo ya no era el martirio a corto plazo, sino un incremento de su posición social e incluso un papel político en las diócesis de las ciudades más importantes.

Si fue sorprendente que el cristianismo haya podido desarrollarse y crecer durante esos doscientos ochenta años de persecución implacable, para algunos es aún más increíble el que haya podido subsistir durante los dieciocho siglos siguientes en que solo sufrió persecuciones localizadas y de corta duración. Si a usted le parece que estoy exagerando, le cedo la palabra a Giovanni Boccaccio, escritor italiano que hacia el año 1350 fue autor del famoso *El Decamerón*, colección de novelas cortas de naturaleza satírica con un alto contenido erótico, quizás más conocido por mis lectores no tan jóvenes por ser la inspiración de la película de Pasolini con el mismo nombre, a comienzos de la década del 70.

La historia que cuenta en la segunda novela de la jornada primera es la del judío Abraham, comerciante en géneros que vivía en París por aquellos años. Tenía un amigo muy cercano, Gianotto de Civigni, comerciante como él, quien era devoto cristiano y temía que su amigo Abraham no pudiera llegar al cielo por no profesar la verdadera fe. Por ese motivo en sus conversaciones siempre le argumentaba en favor del cristianismo, mostrándole cómo este aumentaba y prosperaba con el correr de los siglos, en tanto que los seguidores de su fe judaica eran cada vez menos. El bueno de Abraham respondía que él había nacido y pensaba morir como judío, pero tanta fue la insistencia de su amigo que finalmente le propuso a Gianotto que él iría a Roma y si veía que allí los altos dignatarios de la Iglesia se comportaban de acuerdo con la doctrina cristiana, él se convertiría.

Gianotto intentó disuadirlo, porque no tenía muy buenas referencias de la corte papal. No obstante, Abraham continuó con su plan, se subió a su caballo y marchó a Roma, donde fue muy bien recibido por la comunidad judía de la ciudad. Una vez allí empezó a fijarse en la manera de vida del papa, los cardenales y demás cortesanos, y encontró que la gran mayoría cometían pecados de lujuria, de gula y de avaricia; en realidad el texto de Boccaccio es mucho más fuerte, si les interesa, búsquenlo en internet. Después de permanecer algún tiempo en Roma, el judío volvió a París.

Cuando le contó lo que había visto a su amigo Gianotto, este desesperó de la posibilidad de que se convirtiera. Sin embargo, Abraham lo sorprendió diciéndole que quería recibir el bautismo. Cuando le pidió una explicación, su amigo le dijo que si el cristianismo seguía creciendo y prosperando a pesar del pésimo comportamiento de los que estaban a su cabeza, tenía que ser obra del Espíritu Santo. Como conclusión, fue bautizado en Notre Dame de París y tomó el nombre de Giovanni.

Esta historia, situada casi a medio camino entre los tiempos del emperador Teodosio y los nuestros, refleja muy bien esa gran paradoja que es la Iglesia. Conducida por hombres muchas veces incompetentes y en ocasiones francamente corruptos, sin territorio ni ejércitos propios, extendida por innumerables países con regímenes políticos distintos, ha logrado conservar prácticamente íntegra la religión de aquellos cristianos de los primeros siglos, capaces de dar la vida por sus creencias.

En realidad, los problemas para la Iglesia venían de antiguo, siendo el principal de ellos los intentos de división que aparecieron muy temprano en su historia, conocidos por los primeros cristianos con el nombre de herejías. Esta palabra, derivada del griego *hairesis*, significaba originalmente elección, pero con el correr del tiempo se empezó a usar más como equivalente a lo que hoy llamaríamos una secta.

La primera herejía, el gnosticismo, ya existía con anterioridad al cristianismo. Esta doctrina ha adquirido alguna notoriedad mediática de manera reciente con la publicación del Evangelio de Judas, escrito al menos un siglo después de la muerte de Jesús. Los gnósticos habían concebido una jerarquía de seres espirituales llamados eones tomando elementos del judaísmo y de la filosofía griega. Decían que el verdadero conocimiento, o *gnosis*, estaba reservado solo a unos pocos iniciados. Consideraban que el mundo material era intrínsecamente malo.

Al ver la difusión del cristianismo, intentaron incorporar a Cristo en su esquema, como un eón de jerarquía intermedia, que había tomado la apariencia de un hombre, pero cuyo cuerpo no era realmente material, por lo que tampoco podía haber sufrido en la cruz. También diferenciaban entre el Dios del Antiguo Testamento, al que consideraban cruel y malo, en tanto que Jesús era el hijo del Dios supremo, bueno y misericordioso, que habría venido para desenmascarar al otro Dios con su mensaje de amor.

Los gnósticos se infiltraron en la Iglesia disimulando sus creencias y aprovechando que aún la teología cristiana no estaba completamente definida. Su apogeo fue en el siglo II, pero luego su influencia fue disminuyendo. Hoy se podría decir que sus continuadores son los grupos del *new age* que, por lo visto, no son tan *new* que digamos.

La historia de las herejías es muy compleja y excede en mucho el alcance de estas líneas. Ya en el año 370 Epifanio de Salamina registraba en su obra *Panarion* ochenta diferentes doctrinas heréticas. En general, cada una de estas se denomina por el nombre de su fundador.

Entre las más importantes, una de las primeras fue el montanismo, iniciada en Asia Menor por Montano en el siglo II, que tuvo muchos adeptos en Europa y África. Predicaban un ascetismo exagerado y se negaban a recibir de vuelta en la Iglesia a los que habían negado a Cristo por miedo a las torturas. En el siglo siguiente aparecieron los maniqueos, seguidores del persa Manes, que creían en un principio bueno en perpetuo combate contra un principio malo. La palabra aún se usa hoy para los que dividen el mundo en buenos y malos, sin medias tintas, tal como se ve en la mayoría de las películas de Hollywood.

Mientras duraron las persecuciones, las disputas entre cristianos se resolvían con anatemas y excomuniones. Una vez que el imperio toleró y finalmente adoptó el cristianismo, surgió la tentación de usar del poder del Estado para aplastar a los del bando contrario. Para los gobernantes también era conveniente contar con una religión uniforme a lo largo de su territorio, en especial si era dócil a sus mandatos. Fue entonces cuando empezó una larga historia de encuentros y desencuentros entre el cristianismo y el poder político, la que en Occidente ha llegado hasta nuestros días. Algo similar ha sucedido también con otras religiones. Basta con ver la situación del estado semiconfesional de Israel o la de innumerables países del Oriente y de África, en donde se enfrentan los que prefieren un gobierno laico contra los que quieren imponer al Islam como religión de estado.

Lo que es en realidad sorprendente es que una de estas religiones, la católica, haya podido sobrevivir a estas tensiones con su organización vertical que abarca a casi todos los países del mundo, sin tener en la actualidad el menor poder político.

Volviendo al tema de las herejías, el emperador Constantino pronto descubrió que el cristianismo venía con más de un sabor. A los pocos años del edicto de tolerancia, el presbítero Arrio empezó a predicar que Cristo no era de la misma naturaleza que el Padre y que había sido creado por este, lo que se contraponía a la doctrina de la gran mayoría de los llamados padres de la Iglesia.

Constantino encontró inadmisible que hubiera dos tipos de cristianismo dentro de su Imperio y apoyó la convocatoria de una asamblea general de obispos, el Concilio de Nicea, para resolver la cuestión. Aunque allí las ideas de Arrio fueron condenadas por una gran mayoría, su doctrina continuó y se propagó, en especial durante el reinado de Constancio, hijo de Constantino, quien simpatizó abiertamente con el arrianismo.

Una de las consecuencias de esto, de gran importancia para la historia posterior, fue que las tribus de los godos, asentadas en la frontera norte del imperio, fueron convertidas al cristianismo por misioneros arrianos. Fueron estos mismos godos los que un siglo más tarde saquearon Roma y, por último, derribaron el

Imperio de Occidente, ocupando vastas regiones de Italia y de España, lo que tuvo consecuencias que veremos más adelante.

A la muerte de Constancio subió al trono Juliano, conocido como el Apóstata. Intentó restaurar el paganismo y tomó medidas discriminatorias contra los cristianos, pero al poco tiempo murió en un desacertado ataque contra los partos cuando pretendía emular las conquistas de Alejandro Magno.

Le sucedieron varios emperadores cristianos, algunos ortodoxos y otros arrianos, pero todos más o menos tolerantes en materia religiosa. Finalmente subió al trono Teodosio, partidario del Concilio de Nicea, quien decidió que en el imperio no tenían cabida otras confesiones religiosas. Para ello, en el año 380, publicó junto con su colega Graciano un edicto por el cual decretaba que la única religión del imperio sería aquella que el bienaventurado apóstol Pedro había llevado a Roma, que era la misma que profesaban en ese momento los obispos de dicha ciudad y de Alejandría, las dos sedes episcopales de mayor prestigio.

Los que se adherían a esa religión serían llamados cristianos católicos y todos los demás serían considerados como herejes, locos y dementes, estando sujetos al correspondiente castigo. También prohibió todo tipo de culto a los dioses de la antigüedad, con lo que logró terminar con el paganismo moribundo.

Este edicto fue el comienzo oficial de la Iglesia Católica, es decir, universal, y también el inicio de una difícil relación entre los gobernantes cristianos y la jerarquía eclesiástica, que duró hasta bien entrado el siglo XX. La mayoría de los católicos aplaudió esa medida, pensando que representaba el triunfo final del cristianismo y la instauración del reino de Dios en la Tierra. No veían que las persecuciones a sus rivales estaban en abierta contradicción con una de las enseñanzas básicas de Jesús: no hagas a los otros lo que no quieres que te hagan a ti. Los mismos argumentos que ellos habían usado mientras estuvieron fuera de la ley ahora tendrían que haber sido válidos para proteger a los que pensaban diferente.

Había también el peligro de que la Iglesia terminara subordinada al poder civil. No todos los emperadores serían tan humildes como Teodosio, quien mansamente aceptó la excomunión impuesta por Ambrosio, obispo de Milán, por haber ordenado una matanza indiscriminada de los ciudadanos de Tesalónica. En el futuro innumerables gobernantes intentarían inmiscuirse en los asuntos eclesiásticos, siendo el caso más famoso el del rey de Inglaterra Enrique VIII, quien prefirió crear una Iglesia nacional para que le aprobara el divorcio de su esposa.

Sea como fuere, el Imperio cristiano que había soñado Teodosio no duró mucho tiempo. En el año 410 Roma fue saqueada por los godos y para fines del mismo siglo el Imperio de Occidente se había derrumbado por completo, siendo su territorio gobernado por diversos reyes bárbaros, los cuales, para peor, eran de confesión arriana.

En cuanto al Imperio de Oriente, conocido en el futuro como Imperio bizantino, ya en sus inicios tuvo serios problemas por las divisiones de los cristianos en la interpretación de la relación entre la humanidad y la divinidad de Cristo. La solución que encontró la mayoría de las Iglesias fue considerar que en la única persona de Cristo se conjugaban dos naturalezas, una divina y otra humana. Esta solución, apoyada por Roma y también por el emperador, no fue del agrado de todos.

Nestorio, patriarca de Constantinopla, molesto por el título de Madre de Dios que se le daba a la Virgen María, propuso que la persona de Cristo hombre era distinta a la de la segunda persona de la Trinidad y que la unión entre ambas era solo accidental. En consecuencia, María sería solo la madre de Cristo, pero no de Dios. Como rechazo a esta postura, las iglesias de Alejandría y de Siria sostuvieron que en Cristo había una sola naturaleza, la divina, de manera que su aspecto humano era solo una apariencia. Los sostenedores de esta última doctrina fueron conocidos como monofisistas, que en griego significa una sola naturaleza.

Me temo que mis lectores encontrarán estas explicaciones aún más abstrusas que cuando yo les contaba la forma en que se habían generado los elementos que constituyen nuestro cuerpo. ¿Pero acaso no les decía yo que el ser humano es más complicado que todo el universo en que vivimos? Y los habitantes de Constantinopla nos superan a todos. La teología era tan popular como hoy lo es el fútbol. Cito la opinión de un visitante en el siglo IV:

> Todo está lleno de gentes que discuten cuestiones ininteligibles, todo: las calles, los mercados, las encrucijadas... Si se pregunta cuántos óbolos hay que pagar, se os contesta filosofando sobre lo creado y lo increado. Se quiere saber el precio del pan y se os responde que el Padre es más grande que el Hijo. Se pregunta por el baño y se os replica que el Hijo ha sido creado de la nada.

Todas estas discusiones, literalmente bizantinas, no pasarían de ser anécdotas graciosas si no hubieran tenido graves repercusiones, cuyas consecuencias llegan hasta nuestros días. ¿Me creerían si les digo que la actual guerra de Siria se podría haber evitado entonces? Me explico: como consecuencia de las persecuciones a nestorianos y monofisistas, los primeros se retiraron más allá de las fronteras orientales del imperio, en tanto que en los segundos se generó un resentimiento contra los gobernantes, reemplazando el griego como idioma litúrgico por el copto y el siríaco, alejándose de modo paulatino del resto de la cristiandad. Cuando un par de siglos más tarde llegaron a estas tierras las tropas del Islam, los cristianos de estas tierras no los combatieron, sino que los consideraron como liberadores. Esto contribuyó al debilitamiento y posterior caída del Imperio bizantino y a la expansión del Islam en Asia, África y Europa meridional.

En los siglos siguientes Roma tuvo cada vez menos importancia política. El centro del poder en Occidente se desplazó hacia lo que hoy es Francia y el sur de Alemania. Pese a ello, el obispo de Roma logró mantener la primacía en materias doctrinales, quizás ayudado por el hecho de no depender de ninguna autoridad política, a diferencia de lo que sucedía con los obispos de Constantinopla. Ambas ciudades compartieron la tarea de coordinar la cristianización del resto de Europa, que no había formado parte del imperio.

Sin embargo, el mérito principal en este proceso estuvo en una verdadera legión de monjes que, abandonando sus patrias de origen sin más armas que el Evangelio, se adentraron en regiones que eran por completo paganas, como la Inglaterra anglosajona, el norte de Alemania, Polonia, Ucrania, Rusia y, por último, los países escandinavos. En el Oriente los cristianos nestorianos también llegaron hasta la India y el Asia Central, en tanto que por el sur el cristianismo monofisista llegó hasta Etiopía, en donde se mantuvo hasta el presente.

Pero volvamos un poco al cuento del judío Abraham. ¿Estaba la Iglesia en aquellos años gobernada por ilustres pensadores y consumados estrategas de comportamiento intachable? La verdad es que si recorremos la lista de los Papas de aquellos años encontraremos de todo. Junto a algunos verdaderos santos hay otros muchos llegados al cargo por maniobras de las principales familias romanas y varios con comportamiento absolutamente deplorable.

La perla de la corona en ese aspecto fue Benedicto IX. Llegó al papado en el año 1032 gracias al soborno de su padre, todopoderoso en Roma, a la curia. No se sabe su edad exacta en ese momento, pero no pasaría de veinticinco años, quizás mucho menos. Doce años más tarde fue removido del cargo a la muerte del emperador Conrado, su principal apoyo, pero al año siguiente fue elegido otra vez. Duró pocos meses, ya que abdicó para poder casarse, no sin antes venderle el puesto a su sucesor por mil quinientas libras de oro. No obstante, un par de años más tarde atacó Roma y logró ser elegido de nuevo. Al final fue expulsado y excomulgado, viviendo el resto de sus días como monje.

¿Cómo es posible que una organización pueda sobrevivir en esas circunstancias? ¡Ni siquiera el Imperio romano en su peor momento pasó por episodios semejantes! ¿Tendrá algo que ver con la promesa de su fundador, de que estaría con sus discípulos hasta la consumación de los siglos? Lo cierto es que mientras estas cosas sucedían en Roma, en Asís nacía San Francisco, quizás la persona cuya vida más se haya asemejado a la de su Maestro. También en Francia llegaba al trono San Luis, prototipo del buen gobernante, como pocos antes o después de él. Seguramente hubo muchos más que, sin llegar a estos niveles, hicieran su aporte para que la nave siguiera navegando.

No fue Boccaccio el único que nos habló de la corrupción de la curia romana. No en vano algunos años antes de este, Dante había colocado varios Papas en el Purgatorio y aún en el Infierno. Fue por esos años en que los Papas abandonaron Roma para irse a instalar en Aviñón, bajo la protección de los reyes de Francia. Incluso llegó un momento en que había dos papas, uno en aquella ciudad y otro en Roma, y los gobernantes cristianos tenían que decidir a cuál de los dos considerar jefe de la Iglesia. ¿No había dicho Cristo que un reino dividido contra sí mismo habría de perecer?

Al final los Papas volvieron a Roma, pero no por ello sus costumbres mejoraron. La gran mayoría de los Papas del Renacimiento tuvieron múltiples defectos. Casi todos practicaron un nepotismo desenfrenado. Era normal que fueran sobrinos de un Papa anterior. Dedicaban la mayor parte de sus energías a aumentar la influencia y el poder de sus familias. Para lograr sus propósitos se aliaron de manera sucesiva con las grandes potencias de la época: España, Francia y el Sacro Imperio, cambiando de bando con una increíble facilidad.

Como es de imaginarse, no siempre los resultados fueron buenos. Ávidos de dinero, a veces para sus familias y otras para las construcciones monumentales que alimentaban su orgullo, no escatimaron medios para aumentar la recaudación, siendo ese uno de los principales motivos de la Reforma Protestante.

En lo personal, muchos llevaron una vida lujuriosa, con hijos tenidos de diversas amantes antes y después de haber sido ordenados sacerdotes, y algunos ya como papas. El caso más conocido es el de Alejandro VI Borgia, contemporáneo del descubrimiento de América, cuya vida fue relatada hace poco en una serie televisiva. En este caso la ficción no supera a la realidad.

La situación que estamos describiendo se parece mucho a la que se vivía en el Titanic en las horas anteriores a su naufragio. Una élite despreocupada tratando de pasarla lo mejor posible, una mayoría esperanzada en que este viaje los llevaría a un futuro mejor, un capitán más preocupado en agradar a los poderosos que en la seguridad de su barco. El témpano que se iba a incrustar contra la nave de Pedro se estaba preparando desde hacía mucho tiempo y finalmente la colisión se produjo el 31 de octubre de 1517, cuando un monje furibundo llamado Martín Lutero clavó sus noventa y cinco tesis en la puerta de una iglesia de Wittenberg, cuestionando la avaricia y el modo de vida de la jerarquía de la Iglesia.

Como suele suceder en casos similares, el capitán del buque minimizó el incidente y continuó con sus actividades habituales, hasta que poco a poco se fue dando cuenta de que el agua estaba entrando a raudales por distintos puntos de la embarcación. Pasaron varias décadas y otros tantos Papas para que al final se tomaran medidas para impedir el desastre final, aunque ya no pudieran desagotar muchos de los compartimentos que habían sido inundados.

Estas medidas se implementaron en la llamada Contrarreforma, que fue como se llamó al cambio de rumbo de la Iglesia iniciado por el Concilio de Trento. Muchos de los vicios de la curia romana fueron corregidos entonces y ya no hubo Papas de comportamiento escandaloso. Al mismo tiempo el descubrimiento de nuevas tierras hecho principalmente por España y Portugal, permitió una gran expansión de la actividad misionera, con lo que el cristianismo dejó de ser una religión centrada en Europa y el cercano Oriente para convertirse en la religión mundial que hoy conocemos.

La siguiente tormenta que debió afrontar el cristianismo fue su relación con la ciencia. El motivo fue que la Iglesia se había embarcado más de lo debido en la física de Aristóteles, al tiempo que entendía el texto bíblico en sentido literal, incluso cuando este se refería a temas no relacionados con la religión.

Temas como la creación en siete días o el diluvio universal se consideraban tan históricamente ciertos como la existencia del rey David o la crucifixión de Cristo en tiempos de Poncio Pilato. Por eso al publicar Copérnico su teoría heliocéntrica en 1543, fue atacado de inmediato por los teólogos protestantes por haber osado poner a la Tierra en movimiento. Cuando siete décadas más tarde Galileo se puso a disputar con los jesuitas la prioridad sobre algunos descubrimientos astronómicos, dio pie a que sus adversarios usaran argumentos bíblicos para atacar su pública adhesión a la nueva teoría.

El papado, que al inicio había visto con tolerancia y hasta con simpatía los escritos de Copérnico, se vio atrapado entre dos fuegos y, tras algunas vacilaciones, se sintió obligado a tomar partido por uno de los bandos, condenando al silencio a Galileo y colocando el libro de Copérnico en el índice de libros prohibidos para los católicos.

Esta actitud quizá podría disculparse en los inicios de la revolución científica, pero lo que es bastante ridículo es que Copérnico fuera mantenido en dicho índice hasta comienzos del siglo XIX, muchos años después de que la física de Newton y los descubrimientos astronómicos posteriores demostraran de forma concluyente el movimiento de la Tierra. Es decir que durante ese tiempo cualquier pensador católico que creyera en la teoría heliocéntrica estaba en abierta rebeldía contra su Iglesia. Esto dio origen a la brecha entre la religión y la ciencia, que subsiste hasta ahora en la mente de la mayoría de los científicos modernos, pese al cambio de actitud de la Iglesia en los últimos ciento cincuenta años y las encíclicas de los últimos Papas mostrando que no hay incompatibilidad entre ambas.

Otro golpe fuerte que recibió la Iglesia fue la Revolución Francesa y sus secuelas. Su preferencia por las monarquías y su desconfianza de las democracias tuvo como consecuencia el alejamiento cada vez mayor de las masas populares. La situación hizo crisis cuando la unificación de Italia condujo en 1870 a la pérdida de los Estados Pontificios y la reclusión del papado en los estrechos confines del Vaticano.

Muchos anunciaron entonces la desaparición de la Iglesia a corto plazo. Sin embargo, el efecto fue totalmente el opuesto, como si se hubiera desprendido de un lastre que dificultaba la navegación en el rumbo que le había fijado su fundador. A partir de entonces la Iglesia contó con una serie ininterrumpida de grandes Papas, que le permitieron ser pionera en la cuestión social, mantener una posición independiente durante las dos terribles Guerras Mundiales, competir con éxito con el marxismo en su interés por los más necesitados y contribuir al derrumbe incruento de uno de los sistemas políticos más sórdidos de la historia: el Imperio soviético.

Espero no haberlos aburrido con este largo capítulo. Para los que, a partir de sus clases de catecismo, se habían hecho la idea de una Iglesia inmaculada, debo decirles que no fue así ni tampoco lo es ahora. Todavía existen en ella los corruptos, avaros, orgullosos, lujuriosos e incluso pedófilos.

Pero tal como pensaba el buen judío Abraham, también hay algo en esta institución que permite la aparición de grandes santos comprometidos con la caridad, como el padre Damián de Molokai o el padre Hurtado en Chile, de innumerables mártires, como vemos hoy en África y en el cercano Oriente, de un gran misionero como Juan Pablo II, de un eminente pensador como Benedicto XVI o de un pastor tan cercano a sus ovejas como el Papa Francisco. Y también de una muchedumbre de cristianos católicos, ortodoxos, nestorianos, monofisitas o protestantes comprometidos con la paz y el amor al prójimo, tratando de seguir de la mejor manera posible a nuestro Jesús de Nazaret.

Milagros y demonios

Ya vimos en capítulos anteriores que es casi imposible que los judíos le hubieran prestado atención a Jesús si no fuera por su extraordinaria capacidad para curar a los enfermos que le ponían a su paso. Ni siquiera sus enemigos dudaban de ello. Los cojos andaban, los ciegos veían, a los sordos se les abrían los oídos, los leprosos quedaban limpios. Las curaciones no se muestran como un fin en sí mismas, sino para introducir y reforzar alguna enseñanza moral.

Pretender aceptar la doctrina y, al mismo tiempo, rechazar los elementos milagrosos es una cirugía tan complicada como operar a un enfermo con metástasis para eliminar todas las células cancerosas sin afectar las sanas. Pero claro, si mi lector ya tiene una posición tomada al respecto, no nos es posible viajar en el tiempo para comprobar in situ la validez o falsedad de los relatos evangélicos. Solo nos queda ver si los milagros siguen ocurriendo en la actualidad.

Hoy sale en el diario la noticia de un niño de un año y cuatro meses de edad que se ahogó en una piscina mientras jugaba, sufriendo un paro cardiorrespiratorio de dieciocho minutos de duración. El médico que lo atendió en la clínica explica que durante ese lapso el niño estuvo prácticamente muerto, pues su corazón estaba parado, y que era muy extraño que una persona reaccione después de tanto tiempo. Pese a ello, el niño fue reanimado y hoy no tiene ninguna secuela.

El comentario final del facultativo es: «por la evidencia médica que tenemos, no esperábamos este resultado. Podría calificarse de milagroso». La familia atribuye la recuperación a las cadenas de oración que convocaron de inmediato. ¿Es esto un milagro? ¿Hay otros casos parecidos, inexplicables para la ciencia?

¿Pero será una noticia confiable? La noticia se publicó el 21 de enero de 2015 en *El Mercurio*, el diario de habla castellana más antiguo del mundo. ¿El médico es una persona seria? No lo conozco, pero sé que trabaja en una de las mejores clínicas de la ciudad y que, casualmente, es el pediatra de uno de mis nietos. ¿Se violaron leyes físicas o biológicas?

Hay casos de personas que caen en aguas muy heladas y eso les permite sobrevivir con tiempos de inmersión relativamente largos, pero no creo que ese sea el caso de una piscina de lona en medio de un tórrido verano. ¿La curación presuntamente milagrosa se debió a las cadenas de oración? No lo sé, ni tampoco determinarlo es el propósito inmediato de este libro, que solo pretende llamar la atención sobre hechos que no se pueden explicar por las puras leyes naturales.

El tema de los milagros es complicado. Hoy tiene más aceptación social decir que uno cree en ovnis, adivinos o en las flores de Bach que en milagros. Por otra parte, en muchos de los santuarios cristianos, y es posible que también en los de otras religiones, hay innumerables exvotos como agradecimiento por curaciones milagrosas debido a la intervención del santo patrono del lugar, algo que ya ocurría en los templos paganos de la antigüedad. También en los santuarios marianos de Argentina, Chile y otros países católicos se juntan una vez al año multitudes, cercanas al millón, de personas para agradecer por favores presuntamente concedidos por la intercesión de la Virgen. ¿Hay algo de cierto en todo esto o es una especie de alucinación colectiva?

¿Se trata de milagritos o de verdaderos milagros? Les doy un ejemplo de milagrito. Fui despedido de mi empresa a los cincuenta y cuatro años de edad. Durante dos años busqué trabajo sin mayor éxito. Mi señora, chilena, sabiendo que en Argentina hay una gran devoción a San Cayetano, especialista en temas laborales, le hizo una manda, es decir, una promesa si me conseguía trabajo.

Al poco tiempo, un amigo me llamó ofreciéndome un puesto y se dio la coincidencia de que entré a trabajar después de dos años y medio, en el mismo día de la fiesta de San Cayetano. ¿Milagro? ¡En absoluto! Ninguna ley física fue violada, salvo, quizás, la ley de las probabilidades. En todo caso, y por si están en la misma situación que estuve yo, les cuento que por la misma época dos de mis hijos consiguieron trabajo apoyados por las oraciones de mi señora. ¡San Cayetano no solo funciona con los argentinos!

Lo cierto es que en la actualidad las iglesias cristianas creen en milagros. Todos hemos visto películas donde en Estados Unidos falsos pastores embaucan a sus ingenuos feligreses con pretendidos milagros en sus reuniones públicas. En el extremo opuesto está la Iglesia católica, para la cual los milagros auténticos son requisito para el proceso de canonización. Se necesita un milagro para que alguien pueda ser declarado beato y otro más para que llegue a la categoría de santo. Por lo general se analizan solo curaciones, donde es más fácil comprobar si es posible descartar que respondan a causas naturales. La revisión está a cargo de una comisión de médicos, incluyendo algunos no católicos.

Para que vean lo estricto que es este proceso, tenemos el caso reciente de la canonización de los Papas Juan XXIII y Juan Pablo II. Como para el primero había un solo milagro comprobado, el papa Francisco tuvo que autorizar una excepción al procedimiento, basándose en el inmenso prestigio que había tenido y aún tiene como promotor de la actualización de la Iglesia al convocar el Concilio Vaticano II. ¿Nadie en los cincuenta años desde su muerte fue capaz de fabricar un segundo milagro para evitar que el llamado Papa Bueno tuviera que entrar en la santidad por una puerta lateral?

Así es como hay innumerables candidatos a beatos o santos en todos los países, esperando uno o dos milagros para asegurarse su estadía en el cielo. ¿Por qué Perú y Chile tienen más santos que Argentina y Brasil, que los triplican en población? El indiecito Ceferino Namuncurá, hijo del último gran cacique de las Pampas, tuvo que esperar más de ochenta años para recién alcanzar la categoría de beato ¿Por qué se ha demorado tanto el proceso de canonización del famosísimo arquitecto Antonio Gaudí, a pesar de los esfuerzos del arzobispado de Barcelona? Simplemente porque milagritos hay muchos, pero milagros, milagros de verdad comprobados, hay muy pocos. Aun admitiendo la posibilidad de los milagros, es cierto que no son en absoluto frecuentes.

Para formarse una idea de cómo son estos milagros, le sugiero que busque en internet los milagros relacionados con las canonizaciones recientes. Lea con atención los relatos y saque sus propias conclusiones. Verá enfermos avanzados de Parkinson que sanaron de manera repentina, una joven con cáncer de útero que, cuando iba a iniciar la quimioterapia, resultó que este había desaparecido de un día para otro, un bombero resucitado después de haber sido declarado clínicamente muerto, etc. Puede ser que haya muchos otros casos que no llegan al Vaticano, que solo analiza los presuntos milagros en que se invocó la intercesión de algún candidato a la santidad.

Es probable que el no creyente piense que en todos estos milagros hay fraude o error involuntario, pero esa es una posición tan cerrada como la que tuvo la Iglesia en el caso Galileo. Un verdadero científico no descarta los hechos solo porque no coinciden con su modelo teórico. Lo que hace es profundizar la investigación para ver si se ha cometido algún error y, de no ser así, procede a revisar su teoría.

Es interesante preguntarse si existen hoy milagros que no tengan connotación religiosa. Curaciones consideradas imposibles para la medicina, donde nadie invocó a alguna potencia espiritual. Situaciones que también harían probable la existencia de algo más que este universo improbable. Pero dejemos esto para algún futuro investigador.

Hasta ahora hemos hablado de la curación de las enfermedades del cuerpo, pero muchas veces estas son menos graves que las llamadas enfermedades del alma. En tiempos de Jesucristo se pensaba que estas eran causadas por espíritus que de alguna manera se introducían en la mente de las personas. Estaban endemoniados.

En los evangelios hay algunos relatos donde se dice que la causa de la enfermedad es la posesión demoníaca. Hoy diríamos que la causa era la epilepsia, la esquizofrenia o alguna enfermedad semejante. Sin embargo, al menos en dos casos se establece un violento diálogo entre el presunto demonio y Jesús antes de la curación. Los fariseos explican lo sucedido acusándolo de que su poder viene de Belcebú, el príncipe de los demonios. Ya vimos la respuesta de Jesús en el capítulo anterior.

En la actualidad ya nadie parece creer en los demonios. Tengo un amigo, muy católico, que insiste en que el infierno no existe porque Dios es infinitamente bueno, etc. Yo le respondo, medio en broma, diciéndole que le creeré a él cuando muera y resucite al tercer día, pero que mientras tanto le seguiré creyendo a Jesús de Nazaret. Pero, hablando en serio, el asunto es ver si a lo largo de la historia y en la actualidad hay casos en que el comportamiento de un enfermo mental no se pueda explicar por las patologías típicas del cerebro humano. ¿Hay alguna base en la creencia del cristianismo de que existen posesiones diabólicas hasta el día de hoy?

Seguramente muchos de mis lectores ya mayorcitos recuerdan la película *El exorcista*. En su momento todo el mundo hablaba de ella. A mí en lo personal me impresionó mucho más la forma de hablar del demonio que los numerosos efectos especiales, los que por momentos me daban hasta risa. La película estaba bien hecha y se inspiraba en relatos contemporáneos de posibles posesiones demoníacas. Sin embargo, se trata solo de una película y el celuloide, al igual que el papel, aguanta todo, en especial cuando viene de la mano de Hollywood.

Es por eso que prefiero contarles una historia real más cercana a nuestros países y ocurrida a mitad de camino entre el oscurantismo medieval y el sensacionalismo moderno. Me refiero al curioso caso de la endemoniada de Santiago.

Volemos con la imaginación a Santiago de Chile, en el año 1857 de nuestra era. Si piensan que eso es historia antigua, no lo es tanto para mí: es el mismo año en que nació mi abuelo paterno. La República Chilena en ese momento tenía un gobierno relativamente liberal que estaba enfrentado con la Iglesia por los intentos de esta de eliminar el patronato y recuperar algunos privilegios que había perdido desde la independencia, unos cuarenta años antes. Es en ese ambiente donde se produce el caso de la endemoniada, del cual tenemos un relato de primera mano del sacerdote a cargo del exorcismo, los informes de varios médicos que la examinaron y también las noticias de los periódicos sensacionalistas que se burlan de todo el proceso.

El relato es un informe del presbítero Zisternas a pedido del arzobispo Valdivieso, completado el 15 de agosto, inmediatamente después de concluido el exorcismo. En él Zisternas nos cuenta cómo había oído un par de veces la historia de que en el hospicio había una joven *espirituada*, que tenía un comportamiento extraño. Inicialmente no le prestó atención a la noticia hasta que el 27 de julio, comentando el caso con otros dos sacerdotes, decidieron hacerle una visita para comprobar el probable fraude.

La joven se llamaba Carmen Marín y tenía en ese momento 19 años. A los 13, después de un sueño en que se vio peleando con el Diablo, comenzaron sus ataques. Ya había estado internada en dos hospitales por más de un año en manos de los médicos, sin mejora perceptible. En uno de ellos había intentado suicidarse, salvándose por muy poco. Al final los médicos la enviaron al hospicio como incurable.

Cuando los tres sacerdotes llegaron al hospicio, encontraron a la joven tranquila. Zisternas, convencido de que los pretendidos ataques eran un fraude, dijo en voz alta que él conocía un remedio para esta enfermedad, consistente en aplicar una plancha bien caliente en la boca del estómago. Era obvio que no pensaba aplicarla, pero en el momento en que las monjas le traían la plancha, la enferma pronunció estas palabras:

—A la Carmen quemarás, pero no a mí.

Cuando Zisternas quiso dialogar con ella, emitió una risa burlesca acompañada de movimientos de los ojos y violentas contorsiones de su cabeza.

Como no había forma de detener la agitación de la mujer, una de las monjas dijo que la única forma de calmarla era con la lectura del Evangelio de San Juan, fenómeno que habían observado por casualidad durante su estadía en uno de los hospitales. Se trajo el libro y comenzó la lectura, al inicio con un efecto contraproducente, ya que ella dobló el cuerpo, abrió cuanto pudo la boca y se le erizaron los cabellos. Pero al llegar al pasaje en donde se dice «y el Verbo se hizo carne», cesó de inmediato el ataque y volvió a ser una gentil muchacha que conversó largamente de su vida con los sacerdotes.

Cuando le contaron lo sucedido al arzobispo, este, más bien escéptico, convino con ellos en que invitaran a los principales médicos de la ciudad para que la examinaran. Zisternas cursó las invitaciones y quedaron en juntarse de nuevo en el hospicio al día siguiente.

Cuando llegaron, había una veintena de personas junto a la enferma. Todo estaba tranquilo, a la espera del nuevo ataque que ella había anunciado para dentro de dos horas. Los presentes le hacían preguntas en francés, inglés y latín, a las que ella respondía en castellano, pero dando muestras de entender las preguntas. Uno de los sacerdotes empezó a cantar el *Magnificat* y ella seguía la entonación, pero reemplazando las palabras sagradas por otras obscenas. Lo mismo sucedió con himnos religiosos en francés. Si cantaban canciones profanas en diversos idiomas, ella tan solo se reía.

En esto llegó el primero de los médicos convocados. Le tomó el pulso, le hizo un par de preguntas, observó sus convulsiones y de inmediato diagnosticó que se trataba de un ataque nervioso. Invitado a ver algunas otras pruebas, dijo que no lo necesitaba. Su visita no duró más de quince minutos, ¡visita de médico! Se retiró anunciando que mandaría un informe. Este llegó días después diciendo que la enfermedad era histeria y que le enviaran los seis pesos que había costado la visita. ¿No les decía yo que ya había llegado la modernidad?

En los días siguientes fue examinada por otros diez médicos que le hicieron diversas pruebas. Unos le clavaron alfileres en los brazos, sin que la mujer manifestara el menor sufrimiento. Otros experimentaron poniéndole cruces junto a su boca, lo que provocaba una fuerte reacción en la enferma. Quisieron engañarla envolviendo las cruces y presentándoselas de forma alternada con otros envoltorios vacíos, pero ella solo reaccionaba con los que contenían la cruz. En un caso, pusieron la cruz sobre la mano del médico que cubría su cabeza, y ella gritó:

—¡Bribón! ¡Me quieres engañar!

También llegó un sacerdote con el texto griego del Evangelio y comprobó que su lectura tenía el mismo efecto que cuando se leía el texto en castellano y latín. Al comenzar la lectura de

San Juan, sus ataques se hacían más violentos, pero cesaban tan pronto se llegaba a la frase que proclamaba la encarnación del Verbo.

Muchos de los médicos coincidieron con el diagnóstico de histeria en grado avanzado, mientras que otros dijeron que sus conocimientos de medicina no eran suficientes para explicar lo que habían presenciado. Incluso uno dijo al salir:

—Es primera vez en mi vida que veo un milagro.

Al final Zisternas, habiendo descartado que lo que le ocurría a la niña tuviera causas naturales, dio inicio al ritual del exorcismo. Este culminó con el siguiente diálogo:

—*Exorcizo te, creatura salis, per Deum vivum, per Deum verum, per Deum sanctum...*

—¡Bribón!

—¿Tengo yo facultades para echarte?

—Sí.

—Y si yo te echo ¿te irás para siempre?

—No.

—¿Y a qué signo obedeces?

—Al Evangelio de San Juan.

—¿Por qué atormentas a la Carmen?

—Para probar su paciencia... y también la tuya.

—*Exorcizo te, creatura aquae, in nomine Dei Patris omnipotentis, et in nomine Iesu Christi Filii eius Domini nostri, et in virtute Spiritus Sancti...*

—¡Bribón! No sabes con quién te estás metiendo.

—¿Cuándo volverás?

—Dentro de un año y medio.

—¿Volverás en la misma forma?

—No se sabe, tendrás que averiguarlo.

Después de haber vivido muchos años en Chile, sospecho que el epíteto no era «bribón», sino otro bastante parecido que, por supuesto, no podía incluirse en un informe al arzobispo.

Todo el proceso narrado hasta ahora demoró en total unos seis días. A la fecha en que Zisternas terminó el informe, la enferma no había experimentado ninguna recaída. Por desgracia no contamos con información posterior de lo que pasó con Carmen Marín, ni tampoco si se cumplió la promesa demoníaca de retornar al año y medio.

Tanto el informe de Zisternas, los de los médicos y los comentarios injuriosos de los periódicos liberales de la época fueron recogidos en el libro *La endemoniada de Santiago*, editado recientemente. En él podrán encontrar muchos más detalles.

Les he contado este episodio para que cada cual saque sus conclusiones. El relato es contemporáneo a los hechos que se describen. Zisternas intentó ser imparcial a pesar de su condición de sacerdote, ya que no podía arriesgarse a hacer quedar en ridículo al arzobispo, en especial habiendo muchos testigos que podrían haberlo desmentido en caso de falsedades.

Por último, tenemos también los informes discordantes entregados por los médicos, en muchos de los cuales se aprecia el fastidio de haber tenido que ser testigos de fenómenos que no podían explicar con su querida ciencia. Ya entonces muchos de ellos se sentían superiores al común de los mortales.

Y con esto pasamos al próximo capítulo.

Reliquias misteriosas

En el año 327 Elena, la madre del emperador Constantino, visitó Jerusalén. Durante su estadía en la ciudad intentó identificar los lugares en donde habían sucedido los principales episodios de la Pasión, en especial su crucifixión y el sepulcro del cual había resucitado. Historiadores posteriores dicen que hizo excavaciones en el monte del Calvario y que encontró allí tres cruces. Para saber cuál era la de Jesús trajeron un cadáver, el cual resucitó al contacto con una de ellas.

La verdadera cruz fue entonces dividida en tres partes, enviándose una a Roma y otra a Constantinopla, quedando la tercera en Jerusalén. Sea cierta la historia o no, es efectivo que años más tarde se veneraban trozos de la cruz en dichas ciudades. Cuando en el siglo VII los persas ocuparon Jerusalén, se llevaron el trozo que había quedado allí. Este fue recuperado en el año 628 por el emperador Heraclio, dando origen a la fiesta de la Invención de la Santa Cruz.

Dicen las malas lenguas que con los pedazos de la verdadera cruz esparcidos por Europa algunos siglos más tarde se podrían hacer muchas cruces. Y a veces las malas lenguas tienen razón. Con el triunfo del cristianismo se produjo una verdadera competencia entre las iglesias locales para ver quien atesoraba más reliquias. ¿Qué son estas? Al principio eran los restos de los mártires que los primeros cristianos recogían para darles sepultura.

Alrededor de estos lugares de veneración posteriormente se construyeron santuarios, siendo el caso más destacado la Basílica de San Pedro en Roma, en cuya base se encontraron los restos del apóstol. Hasta el día de hoy se espera que en el altar de cada nueva iglesia exista una reliquia, ya sea una parte del cuerpo de algún santo o quizás un trocito de sus vestiduras. Aunque el tema pueda parecer algo escabroso, al menos no hay duda de que la mayoría de esas reliquias son auténticas.

Pero hay otros tipos de reliquias, entrando en esa categoría cualquier objeto relacionado con la vida de Jesús. Estos proliferaron durante la Edad Media, en especial durante las Cruzadas, cuando los que volvían de Oriente traían los clavos de la crucifixión, pedazos de la corona de espinas, partes del pesebre, lo que fuere. El caso más famoso ocurrió en la ciudad de Antioquía, cuando los cruzados que la habían ocupado estaban en una situación desesperada, asediados por un enorme ejército musulmán.

En ese momento alguien descubrió bajo el piso de la catedral la lanza que el centurión Longino había clavado en el costado de Jesús para comprobar su muerte. Esto causó tal entusiasmo en la tropa cristiana que los llevó a hacer una salida en la que derrotaron sorpresivamente a las huestes enemigas mucho más numerosas. Con esto se abrió el camino para la conquista de Jerusalén.

Es difícil de creer que todos estos objetos hubieran sido conservados por los primeros cristianos y que reaparecieran diez siglos más tarde. Es obvio que son falsificaciones piadosas o también interesadas, ya que existía comercio de este tipo de reliquias. ¿Pero habrá alguna que pueda considerarse auténtica e incluso milagrosa?

Volvamos a algo que escribimos muchos capítulos atrás, al momento en que el apóstol Juan llega corriendo al sepulcro después del anuncio de las mujeres de que se habían llevado el cuerpo de Jesús. En su Evangelio nos cuenta que dejó entrar primero a Simón Pedro, quien vio los lienzos en el suelo y, enrollado en un lugar aparte, el sudario que había cubierto su cabeza. Siempre me he preguntado por qué, en un momento tan trascendental para la historia, el apóstol se preocupa de mencionar detalles tan insignificantes.

Mi opinión, que no he visto recogida en otra parte, es que Juan menciona ambas telas porque sabe que han sido recogidas y preservadas por la primitiva comunidad cristiana, la que seguramente las tiene como objetos de veneración, ya que son testimonios tangibles de la resurrección de su Maestro.

Pasaron los años. La Jerusalén judía fue destruida por los romanos y reemplazada por una ciudad pagana, la Aelia Capitolina. Bajo Constantino y con la llegada de Elena la ciudad retomó su nombre original, pero ahora con un fuerte carácter cristiano. Tres siglos más tarde la ciudad fue tomada por los persas y reconquistada por los bizantinos, pero por poco tiempo, ya que terminó cayendo bajo el poder musulmán.

El Islam fue, en principio, muy tolerante con los cristianos, pero poco a poco se empezó a sentir la presión para que abandonaran la religión de sus padres. ¿A lo largo de estos años qué fue de aquellas telas que, según una tradición posterior, habrían sido recogidas por Pedro?

Cambiemos de escenario. Vayamos a Oviedo, capital de la región de Asturias en el norte de la península ibérica. Es uno de los pocos lugares que no han podido ser conquistados por los musulmanes. En el año 1075 llega a Oviedo Alfonso VI, rey de Castilla y León, acompañado del Cid Campeador. Manda abrir la Cámara Santa de la Catedral, para hacer un inventario de las reliquias que se guardan en ella. Su intención es construir una lujosa arca enchapada en plata para guardarlas con mayor dignidad. Esta cámara había sido construida por su antecesor, el rey Alfonso II el Casto de Asturias, hacia el año 800, con el fin de albergar en ella las reliquias que los que huían de la invasión musulmana habían escondido en los montes cercanos.

Copia del documento con el inventario se ha conservado en la catedral hasta hoy. La enumeración de las reliquias halladas incluye el leño de la cruz, sangre de Jesús, pan de la última cena, un vestido de la Virgen y leche con la que alimentó al Niño, el manto sorteado por los soldados en el calvario y el sudario de su sepultura. También hay reliquias de gran cantidad de santos, incluyendo varios apóstoles y hasta alguno de los profetas del Antiguo Testamento.

Desde entonces el sudario ha permanecido en la catedral de Oviedo, junto con todas las otras maravillas. No es una reliquia muy impresionante, tan solo un trozo de tela de unos 80 x 50 cm., cubierto de manchas irregulares. Justamente ese es un argumento a favor de su autenticidad. ¿Quién se tomaría el trabajo de llevar un trapo sucio de una punta a la otra del Mediterráneo, si no hubiera estado convencido de su importancia?

El sudario fue considerado como una reliquia más hasta el año 1965, cuando alguien notó ciertas analogías con la sábana santa de Turín, de la que hablaremos más adelante. A partir de allí se dio comienzo al estudio científico del sudario. Los primeros análisis de la tela encontraron granos de polen procedentes de la región de Palestina, del norte de África y, como es natural, de España. Las manchas resultaron ser de sangre tipo AB, rara en Europa, pero común en el cercano Oriente, mezclada con fluidos corporales consecuencia de un edema pulmonar.

La muerte por crucifixión se produce justamente por esa causa. La distribución de las manchas, sus dobleces y algunos hoyos que se ven en la tela fueron las pistas para determinar que el sudario había cubierto el rostro de un hombre ajusticiado, entre el momento de su muerte y el de su sepultura. Era costumbre judía tapar el rostro de los difuntos, al igual que hoy se cubren con una sábana los muertos en accidentes. El sudario se retiraba en el momento de la sepultura, pero se conservaba en la tumba porque tenía restos de la sangre, tal como nos lo había descrito el apóstol Juan.

El detalle de los estudios sobre el sudario de Oviedo se puede ver en distintos lugares en internet. Los científicos españoles han hecho un trabajo muy serio, no contaminado por sus creencias religiosas. No hay nada milagroso en el sudario, a diferencia de lo que algunos entusiastas investigadores mexicanos nos cuentan sobre la imagen de la Virgen de Guadalupe. Sin descartar su posible origen sobrenatural, cuesta creer que el tamaño de las pupilas de la imagen cambie cuando se las ilumina, que la tela se mantenga siempre a 36,7 °C, o que aplicando un estetoscopio a su pecho se sienta un latido a razón de setenta y dos pulsaciones por minuto y en su vientre se escuche el corazón del niño por nacer latiendo ciento quince veces por minuto.

Lo que se encuentra en el sudario es compatible con lo que sabemos de la crucifixión de Cristo: moretones en la cara, un ojo semicerrado, puntitos de sangre en el cuero cabelludo, causados, al parecer, por un casquete de espinas, etc.

La escena del descendimiento de la cruz que nos muestra el sudario es muy distinta a la que nos tiene acostumbrados el arte cristiano. La cabeza del cadáver está cubierta por una especie de cucurucho de tela amarrado a su pelo. El cadáver se deposita en el suelo con la cara hacia abajo, lo que se evidencia por la cantidad de fluidos corporales depositados en el sudario. Son detalles aún más macabros que los que vimos en la película *La Pasión de Cristo*. ¡Por suerte Miguel Ángel no sabía nada de esto cuando esculpió *La piedad*!

Al comenzar mencionamos que se habían encontrado analogías entre el sudario y la sábana de Turín. De esta última se ha escrito mucho, por lo que no tiene sentido que repita aquí lo mismo. Hace algunos años me tocó contemplar una fotografía tamaño natural de la sábana, que se expuso durante unas pocas semanas en Chile. Creo que nadie debería hacer juicios sobre la sábana sin pasar por esa experiencia. Lo que más recuerdo son las innumerables marcas dejadas por los azotes del látigo romano. ¡Qué tipos tan metódicos! Se ven distribuidas por todas las partes del cuerpo.

También recuerdo las borrosas sombras de las manos cruzadas al frente, con la marca del clavo en la muñeca y no en las manos como creían nuestros artistas del Renacimiento. También se ven las largas piernas, que no han sido quebradas como las de los ladrones crucificados junto a Jesús. Por último, la tenue impresión del rostro en negativo, apenas reconocible como tal. En realidad, si fuera obra de un falsificador medieval, estaríamos en presencia de un milagro aún mayor.

Las coincidencias entre el sudario y la sábana son notables. El polen originario de Oriente corresponde a las mismas plantas. El tipo de sangre es el mismo. Hay correspondencia anatómica entre las facciones de la cara en ambos lienzos. Los dos tienen marcas atribuibles a un casquete de espinas, en contraposición a la corona tradicional. En consecuencia, es muy probable que ambas telas hayan cubierto el cadáver de una misma persona, la que previamente había sido azotada, golpeada, coronada con un casquete de espinas y, por último, crucificada.

Hasta aquí nos hemos mantenido en el terreno de lo natural, pero hay algo más: la misteriosa imagen en negativo que muestra el rostro y el cuerpo de una persona en la posición en que fue depositado en el sepulcro. No hay ningún mecanismo conocido que pueda crear esa imagen, ni tampoco hay indicios de que haya sido pintada por un falsificador con conocimientos similares a los actuales. En realidad, no se ven restos de pintura alguna. La imagen se forma por un leve chamuscado de las fibras exteriores de la tela.

¿Podría la imagen haberse producido tan solo por el contacto de un cadáver? La verdad es que no, ya que la imagen no solo aparece en los puntos donde la tela toca el cuerpo, sino también donde no hay tal contacto, aunque con una intensidad decreciente en función de la distancia entre la piel y la tela. Esta última característica es la que ha permitido generar modelos tridimensionales del rostro de quien estuvo envuelto en la sábana.

A falta de otra explicación, todo parece indicar que esta imagen se produjo por algún mecanismo desconocido en el momento de la resurrección de Jesús de Nazaret. ¿Usted, lector, no cree en esas cosas? Es suya entonces la responsabilidad de una mejor explicación.

¿Que la datación del carbono-14 indica que el material de la sábana es del siglo XIV y que el del sudario es del siglo VII? Entonces habrá que explicar cómo es que algo hecho en el siglo XIV tiene puntos de coincidencia con algo bien documentado desde el siglo XI. También deberán decirnos de qué manera el polen de Oriente llegó a Europa para depositarse en los lienzos, sobre todo teniendo en cuenta que hacía poco se ha descubierto que uno de esos granos de polen está inmerso dentro de los restos de sangre del sudario.

En ciencias, cuando un experimento contradice una teoría avalada por muchas otras pruebas, se debe presentar una hipótesis que explique el nuevo resultado. No vaya a ser como aquellos investigadores que anunciaron el descubrimiento de neutrinos viajando más rápido que la velocidad de la luz, para después tener que reconocer que habían cometido un error básico en sus observaciones.

¿Hay alguien hoy que, con todos los conocimientos actuales, pueda reproducir la sábana con todas sus características? Si eso no es posible, ¿cómo pretenden que un falsificador medieval lo haya hecho?

Es probable que las dataciones de carbono-14 no sean confiables por la gran contaminación que sufrieron las telas a lo largo de los siglos, pero también podría haber un motivo más misterioso que nos impide tener certeza absoluta sobre el origen de la sábana. Este sería lo que había dicho Jesús ante las dudas del incrédulo apóstol Tomás: «has creído porque me has visto. Dichosos los que, aun no viendo, creen». En última instancia, la fe es siempre necesaria, no solo para creer en aquello que está más allá de las leyes de la naturaleza, sino también para creer en este mismo universo tan tremendamente improbable.

Por último, aunque la ciencia pudiera comprobar sin lugar a dudas la resurrección de Jesús de Nazaret, ¿estamos seguros de que eso cambiaría nuestras vidas? Ya lo había anticipado él mismo en la parábola del rico epulón y el pobre Lázaro. Cuando el rico, padeciendo en el infierno, le pide al padre Abraham que envíe a Lázaro a avisarle a sus hermanos para que cambien de vida y no sufran un tormento igual al suyo, aquel termina respondiéndole: «si no oyen a Moisés y los profetas, tampoco se convencerán aunque un muerto resucite».

Presente y futuro

Si hasta hace un siglo la mayor parte de la humanidad decía creer en Dios, hoy esto ya no es válido, al menos en Occidente. Uno de los motivos es que la ciencia ha ido encontrando explicaciones para muchos fenómenos que antes se atribuían a causas sobrenaturales. Otro, quizás más importante, es el avance de la medicina, que asegura que casi todos moriremos de viejos, con lo que la experiencia de la muerte se ve como algo remoto.

No fue así para la humanidad durante toda su historia anterior, donde lo habitual era que al menos la mitad de los hijos muriera en la niñez, al igual que muchas madres en alguno de sus innumerables partos. Por último, la impresionante mejora de las condiciones materiales nos incita a tratar de gozar de la vida al máximo, aplicando el antiguo dicho: «comamos y bebamos que luego moriremos», aunque a partir del siglo XX ya no tan luego. En algunos casos también practicando el sexo hasta el límite de lo posible.

En el mundo científico prevalece la opinión de que el ser humano es solo un mecanismo extremadamente complejo, cuyos misterios poco a poco la ciencia irá desvelando. El funcionamiento de ese mecanismo depende solo de leyes físicas, químicas y biológicas, por lo que no habría lugar en él para el libre albedrío que tanto preocupó a los pensadores del Medioevo.

Nuestro destino está tan fijado de antemano como creían los astrólogos caldeos de la antigüedad. La única incertidumbre que se admite es la del llamado principio de Heisenberg, que solo es importante a escala subatómica, por lo que es difícil que nos sirva para evitar un accidente de auto, impedir la aparición de un cáncer o escoger una pareja distinta a la que los astros nos tienen designada.

Lo curioso es que las mismas personas que piensan así viven como si pensaran todo lo contrario. Sufren cuando se muere un ser querido, se indignan cuando se comete una injusticia, se esfuerzan para ser conocidos y honrados por sus semejantes. Pero en el universo concebido a su manera, ¿qué son el amor, la justicia y la fama?

Es cierto que los que decimos creer en Dios no vivimos de manera muy diferente. En la lucha diaria por la existencia estamos todos en el mismo barco. Pero en el momento de reflexión que tenemos antes de dormir, ¿será lo mismo sentirse un producto más de los misteriosos mecanismos de este improbable universo o, en cambio, saberse partícipe de otra realidad cuya existencia sea absolutamente necesaria y que trascienda a este mundo material que nos rodea?

Para los que no creen ni creerán en milagros, espero que la primera parte de este libro haya servido para mostrarles que el mundo en que vivimos es el milagro más grande de todos. A lo largo de estos miles de millones de años hubo innumerables ocasiones en donde todas las probabilidades estaban en nuestra contra y, sin embargo, aquí está la humanidad. Lo mismo vale para nuestra propia existencia individual, tal como mostramos en los primeros capítulos.

Pero el asunto de fondo no es si uno cree o no en milagros, sino si los hay o no los hay. Dicho de otra manera, saber si en este mundo en que vivimos han sucedido cosas que no puedan explicarse de manera natural. Esto no es un tema de fe sino de investigación histórica, que es lo que he tratado de hacer en la segunda parte de este libro. Tal como ha dicho Benedicto XVI en alguna de sus obras, la fe no puede contradecir a la razón, pero esto vale tanto para los que creen como para los que no creen, ya que la incredulidad también es un asunto de fe.

¿Qué le depara el futuro a los distintos protagonistas de este libro? Empecemos por el universo. Es obvio que se seguirá expandiendo, según los últimos descubrimientos a un ritmo cada vez más acelerado. Las galaxias mayores creciendo a expensas de las menores, por lo que habrá galaxias cada vez más grandes y más distantes de sus vecinas. La creación de estrellas a partir de las nubes de gas y polvo continuará por muchas decenas de miles de millones de años, aunque con un ritmo decreciente.

La proporción de elementos pesados continuará aumentando, por lo que cada vez será más fácil la aparición de planetas rocosos como el nuestro. Las estrellas más pequeñas continuarán convirtiendo su hidrógeno en helio durante muchísimo tiempo, algunas hasta por centenares de miles de millones de años. Por si se les olvidó, el universo hoy tiene tan solo 13.800 millones de años, es decir que todavía es un bebé comparado con lo que le queda por delante.

Sin embargo, en un futuro lejano nacerá la última de las estrellas y en uno muchísimo más remoto se apagará el último de los reactores estelares. A partir de allí tendremos un universo oscuro, cada vez más frío y más enrarecido. Si todavía quedaba vida en algún rincón del universo, se extinguirá.

Por último, algunas teorías dicen que también los protones terminarán desintegrándose, por lo que hasta nuestra querida materia desaparecerá. ¿Se imaginan este universo y quizás otros universos paralelos existiendo para siempre cuando ya no sirven para nada? Volvemos a la pregunta de siempre. ¿Por qué existe el universo? ¿Por qué existe algo en absoluto? El mismo universo no nos da una respuesta.

¿Cuál es el destino de la humanidad? Ya hablamos de eso antes. Con el progresivo calentamiento del Sol la Tierra será habitable por mil o quizás dos mil millones de años más. Esto es muchísimo tiempo, si recordamos que la vida multicelular en nuestro planeta solo lleva unos quinientos millones de años. Las especies, por lo general, se mantienen estables durante períodos mucho más cortos, hasta que evolucionan o se extinguen. Seguramente los paleontólogos puedan mostrarnos algunas que se han mantenido por más de cien millones de años, como creo que es el caso de los tiburones. ¿Pero acaso es válido aplicar las leyes de la evolución a una especie inteligente y tecnológicamente avanzada?

Por lo pronto, esta especie ha desarrollado capacidades para convertir el planeta en inhabitable. Durante el siglo XX, produciendo armamento nuclear que, en caso de usarse de manera masiva, podría llegar a exterminar casi por completo a la raza humana. En nuestro siglo no ha sido capaz de impedir el aumento de temperatura del planeta por la emisión siempre creciente de gases de efecto invernadero, ya sea por la quema de combustibles fósiles o por la deforestación a gran escala. Tenemos que recordar que el pasado no es ninguna garantía para el futuro. Un pequeño desequilibrio inicial puede terminar en una catástrofe ecológica.

El planeta Venus es prácticamente del mismo tamaño que la Tierra, pero el hecho de estar un poco más cerca del Sol hizo que se convirtiera en un espantoso infierno con temperaturas del orden de 500 °C. Marte tuvo agua y una atmósfera parecida a la nuestra en sus orígenes, pero al perderla por su menor gravedad, quedó como el desierto seco e inhóspito que observamos hoy.

Pero aun suponiendo que no se llegue a estas situaciones catastróficas, el hombre ha alterado profundamente los mecanismos de la selección natural. Eso de que sobrevive el más fuerte o el más apto ya no tiene validez. Hoy sobrevive el que tiene mejor acceso a la salud, lo que, por supuesto, no queda incorporado a los genes de sus descendientes.

Hay también factores culturales que condicionarán el destino de la humanidad. En la actualidad, la gente con mayor inteligencia termina perteneciendo a los niveles socioeconómicos superiores, que son los que tienen cada vez menos hijos. Todo esto hace que el futuro de nuestra especie sea muy difícil de predecir. Tal vez se adapte a las temperaturas crecientes, pero no es muy creíble que pueda subsistir una vez que los océanos lleguen a su punto de ebullición.

En cuanto a escapar a otros lugares de la galaxia, por mucho que avance la tecnología no es probable que se descubran nuevas leyes físicas que permitan viajar más rápido que la luz. Sin eso, cualquier viaje duraría cientos de años y solo sería posible para un puñado de pasajeros. En el improbable caso de que logren colonizar algún planeta de otro sistema, podríamos imaginar una escena en un remoto futuro donde sus descendientes les enseñen a sus hijos una brillante estrella roja en lo alto del cielo y les digan: «¿ven aquella estrella? Se llama Sol. En uno de sus planetas llamado Tierra nació nuestra especie, hace miles de millones de años. Ya el planeta no existe, consumido por el calor creciente de la estrella al final de su vida. Solo quedamos nosotros, el último resto de aquella gloriosa humanidad».

Pero dejemos estas especulaciones y vayamos a lo que nos debería interesar más, nuestro propio futuro, el de ustedes, lectores, y el del propio autor. Empecemos con el mío, que es bastante claro. Me quedarán no más de quince años en este mundo, quizás algunos más, quizás bastante menos. En cuanto a ustedes, habrá de todo, pero seguramente muy pocos seguirán vivos dentro de ochenta años. ¿Y después qué? ¿Algo o nada? Por si aún no lo advirtieron, esta es la pregunta clave que he tratado de responder a lo largo de todas estas páginas.

En realidad, esa es la pregunta que ha tratado de responder la humanidad desde hace milenios. Ya vimos las diferentes posiciones de estoicos y epicúreos. Hoy tenemos a los agnósticos y a los creyentes de diferentes religiones. La verdad es que, en lo personal, yo nunca he comprobado nada que no pudiera explicarse por causas naturales. Nunca me he comunicado con nadie de ultratumba, no he visto demonios y no he presenciado ningún milagro. Ni siquiera he visto ovnis, pese a las innumerables horas que he pasado contemplando el cielo. Lo único que he encontrado que no se puede explicar por causas naturales es nada menos que el universo. ¡Lo que no es poca cosa!

Sin embargo, no es lógico juzgar sobre un tema tan importante solo en base a las experiencias personales. ¿Acaso no decía Newton que vemos más lejos porque estamos parados sobre los hombros de los gigantes? Es cierto que no descubrió las leyes de la mecánica por ver caer una manzana, sino porque había estudiado detenidamente las obras de sus predecesores, cuyos nombres desfilaron por las páginas de la primera parte de este libro. Lo mismo he tratado de hacer yo en la segunda parte: recoger y evaluar muchos de los acontecimientos de la historia de la humanidad, donde la explicación natural es claramente insuficiente. Espero que mis lectores tengan amplitud de criterio para no cerrarse ante aquello que resulte contrario a sus propios prejuicios.

¿Algo o nada? ¿Morimos y todo terminó? ¿O hay algo en nosotros que no es parte de este universo improbable y que participa de otro nivel de existencia superior que está fuera del tiempo y del espacio? Esto último es lo que han creído la casi totalidad de los pueblos primitivos, la mayoría de los principales filósofos de la antigua Grecia y los sabios del judaísmo, del islam y de las religiones orientales. Todos son testimonios valiosos, los que, sin embargo, no llegan al nivel de prueba concluyente. Pero tenemos otro testimonio de alguien que, en lugar de tratar de convencernos con argumentos filosóficos, optó por mostrarnos con su propio cuerpo el triunfo final de la vida sobre la muerte.

Algo que sucedió hace dos mil años pero que ha sido transmitido de boca en boca hasta nuestros días por sesenta generaciones de creyentes, algo que nos dice que en aquel día de marzo del año 30 Jesús de Nazaret estableció un puente entre nuestro mundo material y otra realidad más alta de la que de alguna forma misteriosa participa nuestra humanidad. Él sería el vínculo entre el Universo improbable y el Dios probable.

Es por estas razones por las que confío en que una vez más estaré con aquel caballero distinguido y con aquella dama enérgica que se encontraron o, más bien, se desencontraron en un restaurante de Buenos Aires hace casi un siglo. Mis queridos padres.